창의폭발 엄마표 실험왕 과학놀이

3
물과 에너지

엄마표 실험왕 과학놀이 3 물과 에너지

초판 1쇄 발행일 2014년 5월 20일
개정판 1쇄 발행일 2021년 1월 10일

지은이   이조옥, 이진선
펴낸이   유성권

편집장   양선우
책임편집   백주영   편집   신혜진 윤경선
해외저작권 정지현   홍보   최예름 정가량
표지디자인 All Contents Group   본문디자인 손혜정 박정실
마케팅   김선우 김민석 최성환 박혜민 김민지
제작   장재균   물류   김성훈 고창규

펴낸곳   ㈜이퍼블릭
출판등록   1970년 7월 28일, 제1-170호
주소   서울시 양천구 목동서로 211 범문빌딩 (07995)
대표전화   02-2653-5131 | 팩스 02-2653-2455
메일   loginbook@epublic.co.kr
홈페이지   www.loginbook.com
포스트   post.naver.com/epubliclogin

로그인 은 (주)이퍼블릭의 어학·자녀교육·실용 브랜드입니다.

국내 최고 영재교육기관 CBS영재교육학술원 커리큘럼 대공개!

창의폭발 엄마표 실험왕 과학놀이

이조옥, 이진선 지음

3
물과 에너지

로그인

'세상의 모든 아이들이 그들의 특성과 소망, 욕구에 맞게 교육받아야 한다'는 신념을 갖고 있습니다. 제가 '영재'라는 집단에 대해 관심을 갖는 것도 그들이 갖는 특수성 때문입니다. 장애우들이 도움과 지원이 필요한 것처럼, 영재아들도 적절한 도움과 지원이 필요합니다.

저는 영재교육에 종사하기 전, 오랜 기간 일선 중고등학교에서 과학교사로 근무하였습니다. 이때 제가 느꼈던 점은 아이들이 '스스로 예측해 본 후 주도적으로 하는 실험'에 굉장히 열정을 보인다는 것입니다. 또한 과학 시험 점수를 잘 받기 위한 암기식 과학 교육이 아이들의 과학에 대한 열정을 해치고 있는 현실이 매우 안타까웠습니다.

사실 영재원 수업이라고 해서 아주 특별한 커리큘럼을 갖춘 것은 아닙니다. 다만 영재원에서는 '실패와 실수'를 허용하고, 그것을 '재실험의 기회로 활용'하게 합니다. 발문과 대화, 예측해 보기, 허용하기, 스스로 해 보기 등이 바로 그것입니다. 이 방법들은 어떤 과학 실험에서도 매우 유용합니다. 하지만 대다수의 어린이들은 '실패와 실수'가 허용되는 교육을 받고 있지 못한 것이 우리의 현실입니다.

이 책은 '우리 영재원에서 하는 상담과 수업 방법이 우리나라의 많은 어린이 친구들에게도 적용이 된다면 정말 좋겠다'라는 생각에서 출발하여, 저희의 경험과 철학을 나누어 드리고자 CBS영재교육학술원의 유아과학 프로그램 중 일부를 담아 본 것입니다. 쉽고 재미있게 접근할 수 있는 실험들로 구성하되, 본 영재원이 지니고 있는 철학과 수업 방법을 가능한 한 그대로 지면에 반영해 보려 노력하였습니다.

부디 이 책으로 아이와 함께 놀면서 '과학으로 행복한 경험'을 주는 것에 목표를 두고 하나씩 천천히 즐기며 해 보시기 바랍니다. 조물조물 어린 손으로 물을 휘젓고, 초롱초롱 호기심 어린 눈으로 세상을 두리번거리는 아이와 엄마들에게 이 책이 작은 도움이 되길 소망합니다.

이조옥 (CBS영재교육학술원장, CPS영재교육연구소장)

18년 간 교육 현장에서 다양한 아이들을 만나오면서 가장 크게 느낀 것은, 과학을 하는 데 있어 가장 중요한 것은 '궁금증'이라는 점입니다. 아무리 좋은 프로그램과 좋은 선생님이 있더라도, 궁금한 것이 없는 아이에게 뭔가를 가르친다는 것은 어려운 일입니다. 그래서 저는 오랫동안 '어떻게 하면 아이들이 궁금증을 갖고, 또 그 궁금증을 스스로 해소할 수 있는 방법을 찾게 할 수 있을까?'를 고민해 왔습니다.

그런데 결혼 후 두 아이를 낳고 선생님이 아닌 엄마의 입장이 되어 깨닫게 된 것은, 아이들은 눈에 보이는 많은 것들을 '이미' 궁금해하고 있다는 사실이었습니다. 그리고 엄마가, 혹은 선생님이 해 줘야 할 일은 다만 아이들의 타고난 호기심에 호응해 주는 것이었습니다.

큰아이가 말을 시작하는 두세 살 무렵에는 아이와 함께 산책을 많이 하였습니다. 산책을 하면서 보이는 나무와 꽃, 작은 곤충 등을 채집하여 자세히 들여다보았지요. 어느 봄날 산책하다가 꽃눈을 발견한 아이가 "나무에 뿔이 났네."라고 말하더군요. 그래서 저는 아이와 꽃눈을 하나 따서 그 안에 무엇이 들어 있는지 관찰해 보았습니다. 또 우연히 화단에서 공벌레를 발견한 날은 공벌레의 발가락 수를 세어 보고 공벌레의 움직임도 몸으로 직접 따라해 보고, 집에 돌아와 공벌레에 대한 책을 찾아보기도 했습니다.

엄마가 설명을 다 해 줘야 한다는 부담감은 갖지 않으셔도 됩니다. 저의 경우도 아이가 궁금해하는 것을 간단히 설명해 주기도 하지만, 아이가 커감에 따라 책이나 인터넷 등을 통해 자신의 궁금증을 스스로 해소해 보도록 안내하고 있습니다. 그저 아이와 같이 걷다가 무심한 듯 "이게 뭘까? 왜 이렇게 생겼지?"라고 슬쩍 물어봐 주세요. 엄마의 작은 질문 하나가 아이를 여러 가지 현상들에 관심을 갖고 궁금해 할 수 있도록 이끌어 줍니다. 과학은 어렵고 힘든 교과 과목이 아니라 우리 생활의 모든 것을 관찰하고 탐구하는 것이라는 사실을 엄마와 아이들이 알았으면 하는 바람입니다. 이 책을 같이 만들어 준 성빈이와 송희에게 큰 사랑과 고마움을 전합니다.

이진선 (CBS영재교육학술원 과학교사)

과학선생님들의 추천평

아이들은 말보다는 손이 앞선다고 합니다. 많은 것을 만져 보고 손의 감촉을 잘 발달시킨 아이들이 영리하다고도 합니다. 부모가 아이들과 함께 무엇을 한다는 것은 '같이 무엇을 만져 보고 같은 생각을 만들어가는 과정'일 수 있습니다.

이 책은 '엄마표 실험왕 과학놀이'라는 제목처럼 놀이를 통하여 과학적 사고와 탐구 능력을 키울 수 있는 80여 가지 다양한 과학놀이들을 소개하고 있습니다. 특히 우리 주변에서 쉽게 찾을 수 있는 재료들과 경험을 활용하는 놀이들로 과학 능력을 키울 수 있도록 구성되어 있다는 점이 인상적입니다. 가령 처음 소개되는 '무게 버티기'는 종이컵의 개수를 늘려가며 몸무게를 버틸 수 있는 결과를 알아내는 과정으로, 비교적 간단한 활동이지만 '기록'과 '유추' 능력을 키울 수 있는 좋은 예입니다.

저자들은 영재교육 활동과 유아교육 활동을 통하여 축적된 과학활동 자료 중에서도 아동들이 가장 흥미를 느끼고, 또한 아동들의 탐구 능력을 잘 키워 줄 수 있었던 실제 교육을 엄선해 수록하였습니다. 또한 실제 아이들의 활동 모습을 사진으로 같이 소개하여 친밀감을 높여 주고, 종이컵, 빨대, 요구르트 통, 풍선 등 주변에서 쉽게 접하고 구할 수 있는 재료들로 구성하여 일반 가정에서 아이들과 쉽게 즐길 수 있도록 하고 있습니다. 한눈에 활동 과정을 볼 수 있는 편집 또한 이 책의 활용도를 높여 줄 수 있을 것이라 봅니다.

과학 탐구의 연역적 가설 설정이나 탐구 결과의 논리적 분석 능력은 어렸을 때부터 꾸준한 흥미를 가지는 놀이 활동으로부터 얻어질 수 있습니다. 이 책과 함께하는 부모와 아이의 즐거운 시간이 장차 아이의 꿈과 미래를 키워 주는 좋은 밑거름이 되어 줄 것이라 믿습니다.

– 곽성일 (서울대학교 교육학 박사, 영등포고등학교 물리교사)

제 과학 수업의 첫 시간은 "항상 과학이란 무엇인가요? 어떻게 하는 것이 과학적인 것인가요?"에 대한 물음에서 출발합니다. 어려운 질문인가요? 과학이란 먼 연구실에서 특정한 사람들만이 하는 것이 절대 아닙니다. 우리 주변의 모든 일들이 과학의 다양한 개념들과 거미줄처럼 연결되어 있다는 것만 학생들의 머릿속에 자리잡게 되면, 저와의 과학 수업은 아무런 어려움이 없게 됩니다.

모든 사람이 과학을 좋아해야 할 필요는 없습니다. 또한 모든 어린이의 꿈이 과학자일 필요는 더더욱 없습니다. 하지만 일생을 살아가면서 과학적으로 생각하고, 과학을 내 생활과 밀접하게 받아들인다면 우리 삶이 더욱 풍부하고 깊이 있어질 것은 분명합니다. 자연과 사물에 대한 깊은 관심과 관찰은 과학적인 소양을 기르는 첫걸음이 됩니다. 그리고 그것은 어쩌면 어려서부터의 습관에서 비롯된 것일 수도 있습니다. 이런 저의 생각에 동의하는 부모님들께 이 책을 권해 드립니다.

학교에서만, 특정 기관에서만 과학 교육을 할 수 있는 것은 절대 아닙니다. 손쉽게 집에서도 엄마, 아빠와 함께 놀이처럼 과학을 접할 기회를 제공해 줄 수 있습니다. 그리고 이 책이 그런 기회를 만드는 데 조그마한 도움을 줄 것으로 기대합니다.

미국의 과학관 및 자연사박물관을 몇 차례 방문한 경험이 있습니다. 이때 가장 부러웠던 것은 웅장한 전시물과 멋지게 구성된 건축물 등이 아니었습니다. 아빠가 아이를 목마 태우고 전시에 대한 설명을 친절하게 해 주는 모습, 나이 드신 할머니 할아버지가 손을 꼭 잡고 판 구조론에 대한 설명을 열심히 읽어 보고 계시는 모습, 많은 자원봉사자들이 과학관 구석구석을 다니며 웃으며 봉사하는 모습 등이었습니다. 우리나라에서 아직은 생소한 이런 모습들을 머지않아 손쉽게 보게 되기를 간절히 기대합니다. 그리고 머지 않은 미래에 우리나라에서 노벨상 수상자가 연속 3회 배출되는 쾌거가 이루어지는 모습을 이 글을 쓰는 지금 행복하게 꿈꿔 봅니다.

- 김경화 (이화여자대학교 이학 박사, 신서중학교 과학교사)

이 책을 먼저 접한

엄마들의 추천평

호기심이 부쩍 늘어가는 아이에게 과학을 재미있게 접하게 해 주고 싶지만 어쩐지 다가가기엔 부담스럽고 낯설었던 과학이 이 책으로 한결 친근해지는 느낌입니다. 또래 친구들의 실험 사진이 있어 과학을 낯설어하는 친구라도 할 수 있다는 자신감을 가질 수 있을 것 같습니다. 또한 엄마들에겐 자세한 설명과 과학 팁이 있다는 것도 이 책의 매력이 아닐까 생각합니다.

– **배주하** (5세 김채은 엄마)

결이는 네 살부터 다닌 CBS프로그램을 아주 좋아합니다. 그 중에서도 과학은 가장 좋아하는 과목인데요, 수업 시간에 한 실험을 집에서 다시 해 볼 수 없어 아쉬웠는데 이 책으로 따라하면 집에서도 쉽게 해 볼 수 있을 것 같습니다. 최근에 한 수업이 비가 와도 젖지 않는 종이 우산이었는데, 이 책에 물에 젖지 않는 종이배 실험이 있어서 집에서 꼭 다시 한 번 해 봐야겠어요.

– **강경희** (6세 배결 엄마)

'과학' 하면 무언가 잘 갖춰진 실험기구가 있어야만 할 것 같았는데, 아이와 함께 있는 공간에서 일상적으로 사용하는 소모품들을 이용하여 할 수 있는 새로운 놀이를 알려 주어 깜짝 놀랐습니다. 아이를 양육하는 과정에서 부모의 몫은 결과가 아니라 과정이 아닐까요? 단순한 생활 속 실험놀이를 통해 아이에게 과학의 흥미를 자극할 수 있을 것 같아 무척 기대됩니다.

– **박주희** (7세 김민서 엄마)

책을 보며 가장 많이 든 생각은 저희 때도 학교에서 이렇게 과학을 배웠다면 얼마나 재미있었을까 하는 거예요. 아이는 물론, 엄마인 저로서도 실험을 하나씩 해 보면서 새삼스레 이해가 되는 부분이 많습니다. 책을 본 뒤로는 아이들이 먹고 버리는 요구르트 병을 보고도 '저걸로 무얼 해 볼까?' 하는 생각이 먼저 드네요. 아파트 단지 꽃밭이랑 근처 텃밭도 부지런히 다녀 보려고 합니다. 유아부터 초등학교까지 어린 아이를 둔 부모님들께 추천드리고 싶습니다.

– 장은미 (7세 이도현 엄마)

다른 책들에서는 볼 수 없었던 흥미로운 실험들이 많은데, 실험 재료 또한 일상생활에서 흔히 구할 수 있는 것들이라 정말 좋습니다. 이해가 잘 안 될 만한 부분엔 꼭 팁이 있어서 아이 혼자서도 충분히 할 수 있겠다 싶습니다. 오늘 아이가 집에 오면 '무게 버티기 놀이'를 해 볼까, '물을 빨아들이는 컵'을 해 볼까, 아니면 '막춤 추는 설탕'을 해 볼까 즐거운 고민을 하고 있습니다. 책을 보면 당장 이것저것 다 해 보고 싶어 안달할 딸의 모습이 눈에 선하네요.

– 박인순 (초2 김재희 엄마)

현준이는 CBS 과학 수업을 참 좋아하는데요, 무슨 수업을 어떻게 하길래 그렇게 좋아할까 늘 궁금했었어요. 이 책을 보니 아이가 왜 그렇게 과학수업에 열광하는지 알 수 있었습니다. 세상의 모든 공부를 놀이처럼 즐길 수 있다면 얼마나 좋을까요? 2년이 넘게 다니는 학술원 수업이 아이에겐 그저 놀이였기에 즐거웠던 것처럼, 커가면서 하는 모든 공부를 그렇게 놀이처럼 해 주기를 기대해 봅니다. 그리고 아이의 즐거움보다 지식에 대한 엄마의 욕심이 앞서지 않기를 저 자신에게 다짐해 봅니다.

– 이혜선 (초1 손현준 엄마)

아이가 CBS영재원 과학수업을 정말 좋아하는데, 수업이 일주일에 한 번이다 보니 아이가 많이 아쉬워했어요. 그런데 이렇게 책이 나와 CBS에서 했던 실험들을 집에서도 다시 해 볼 수 있다니 무척 반갑습니다. 이 책의 과학 실험은 재미만 있는 것이 아니고, 간단한 실험과 놀이로 과학 원리를 알 수 있게 해 주니 너무 좋은 것 같아요. 소중한 우리 아이들에게 컴퓨터나 핸드폰 게임 대신 과학놀이를 권해 주세요.

– 김영선 (초2 최아라 엄마)

'과학＝엄마와의 행복한 추억'이 되게 해 주세요
행복한 아이의 창의력과 호기심은 무한대입니다

● **유아기는 과학이 흥미롭고 재미있는 정도면 충분합니다**

아이에게 과학을 접하게 해 주고 싶은데, 부모님이 과학 용어나 원리를 잘 몰라 걱정이 되시나요? 걱정하지 마세요. 유아기는 과학이 흥미롭고 재미있는 정도면 충분합니다. 지금 원리를 정확히 몰라서 과학자로 자랄 아이가 과학자가 못 된다거나, 학교에서 과학 점수가 엉망이 되거나 하지는 않습니다. "엄마 한 번 더 해 볼래요", "이건 왜 이럴까?"라는 말이 아이 입에서 나오면 성공한 실험입니다.

● **과학이 우리 주변 곳곳에 숨어 있다는 것을 알려 주세요**

과학은 실험실이나 전문 학원에 가서 배우는 특별한 것이 아니라는 것을 아이가 알게 해 주세요. 우리 거실, 화장실, 부엌, 동네 화단, 바닷가 등 우리 주변 곳곳에 과학의 소재와 주제는 넘쳐납니다. 냉장고 문의 자석, 열리지 않는 도시락 뚜껑, 손을 놓으면 날아가는 풍선, 놀이터의 그네와 시소 등 주변 사물들을 관찰할 기회를 주세요. 사물들을 잘 관찰하고, 어떻게 변화하는지 관심을 기울이고, 왜 그럴까를 알고 싶어 하는 것이 바로 과학입니다.

● **아이 '스스로 생각'해 보도록 연습시켜 주세요**

아무리 시시한 실험도 흥미진진하게 할 수 있는 특급비밀을 소개해 드릴게요. 아이와 실험을 할 때는 실험 전에 꼭 '어떤 일이 일어날지' 예측해 보도록 해 주세요. 예측은 실험의 흥미를 더하는 마법의 단계입니다. 가령 어떤 물체를 물에 띄우기 전에 "이건 물에 뜰까? 가라앉을까?" 하고 물어보면 뜰지, 가라앉을지 결과가 궁금해지잖아요. 어떻게 될지 미리 예측해 보고 실제로 실험을 하면, 아이들은 정말 자기 말대로 되는지 알아보려고 정신을 바짝 차리고 집중해서 실험하고 관찰한답니다.

오늘은 아이랑 뭐하고 놀지?

하루 15분! 꼬마 과학자의 창의력이 자라는 시간!

★ **할 때마다 난리 나는 신나는 80가지 과학실험!**

호기심 많고 질문 많은 우리 아이, 하루 15분 과학으로 놀아 주세요. '과학' 하면 어렵고 복잡한 과목같다고요? 화산 폭발, 물을 빨아들이는 컵, 귤껍질 불꽃쇼 등 실험을 통한 과학의 세계는 아이들에게 흥미진진한 마술의 세계입니다. 진지한 눈빛으로 실험에 빠지고, 실험 결과에 신나서 환호하는 아이들의 모습에서 미래의 과학자를 발견할 수 있습니다. 신나는 80가지 엄마표 과학놀이로 과학 좋아하는 아이로 키우세요.

★ **'실험'과 체험'을 통해 원리를 깨우친 과학은 평생 간다!**

과학전집과 과학만화를 통해 과학적 지식이 많은 아이들이 늘어나고 있습니다. 하지만 원리 이해 없이 단순히 보고 들은 과학 지식은 금새 까먹기 쉽고, 정작 중요한 과학적 개념들은 제대로 익히지 못했거나 잘못 이해하고 있는 경우도 많습니다. 실험과 체험을 통해 과학을 접하면 원리 이해가 빠르고 응용력도 높아집니다. 초등 입학 전 마음껏 만져 보고, 실험해 보며 과학으로 놀게 해 주세요. 초등 입학 전 과학 준비는 '과학놀이'가 답입니다!

★ **국내 최고의 영재교육기관 CBS영재교육학술원 커리큘럼 대공개!**

대한민국 최고의 영재들이 받는 CBS영재교육학술원의 교육 프로그램을 통해 꼬마 과학자의 창의력을 키워 주세요. CBS영재교육학술원의 프로그램은 일부 기관들에서 시행하고 있는 단순한 선행학습이 아니라, 아이들이 생활 속에서 가지는 호기심을 끊임없이 자극해 창의적인 사고를 통해 문제를 해결해 나갈 수 있도록 해 주는 프로그램입니다.

Contents

머리말 · 004

이 책을 먼저 접한 과학선생님들의 추천평 · 006

이 책을 먼저 접한 엄마들의 추천평 · 008

과학, 어떻게 가르쳐야 하죠? · 010

이 책의 특징 · 011

Part 1   오늘 하루는 과학에 흠뻑! 물 만난 과학

물위에 둥둥
빵끈 소금쟁이 만들기 표면장력놀이 · 016

뜰까 가라앉을까?
물에 바늘 띄우기 표면장력놀이 · 018

물만 주면 별이 되는
별이 된 나무젓가락 팽창놀이 · 020

트레비 분수보다 멋져!
탁구공 분수 만들기 기압놀이 · 022

물아, 쏟아져라!
구멍송송 스타킹 물놀이 표면장력놀이 · 024

물을 끌어올려라
초간단 빨대 스포이트 도구관찰놀이 · 026

물 파도~ 기름 파도~
나만의 바다 만들기 밀도놀이 · 028

찬물과 더운물의 포옹
물 나누기 마술쇼 밀도놀이 · 030

욕심을 막아요
가득 차기 전에 새는 컵 기압놀이 · 032

안개비를 뿜어요~
간이 분무기 만들기 양력놀이 · 034

쌩쌩 잘도 돈다!
감자로 만든 물레방아 에너지전환놀이 · 036

도구는 편리해
내 이름은 깔깔 깔때기 도구관찰놀이 · 038

건조한 건 싫어요
솔방울 천연 가습기 자연관찰놀이 · 040

Part 2

어떤 원리가 숨어 있을까? 명탐정 과학놀이

쉿! 비밀이에요!
식초로 쓴 비밀편지 물질특성놀이 • 044

자석 구조대 출동!
클립 구출 작전 자석놀이 • 046

우아하게 돌아요
빙글빙글 자석 발레리나 자석놀이 • 048

오르락 내리락
춤추는 포도알 기포놀이 • 050

신나는 동전 마술!
지폐 위에 동전 올리기 무게중심놀이 • 052

아슬아슬 줄타기
중심잡기 놀이 무게중심놀이 • 054

떨어지지 않아요
벼랑 끝의 포크와 동전 무게중심놀이 • 056

팅겨라 팅겨!
동전 충돌 에너지보존놀이 • 058

손가락 나와라 뚝딱!
양초로 만든 손가락 물질특성놀이 • 060

내 배가 제일 튼튼해
젖지 않는 종이배 물질특성놀이 • 062

영차영차 힘내라!
줄 타고 오르는 거미 물체운동놀이 • 064

흔들거려도 넘어지지 않아요
병뚜껑 오뚝이 무게중심놀이 • 066

아이가 오르락 아빠라 내리락
달님시소 평형놀이 • 068

물풀 하나면 뚝딱!
탱탱볼 만들기 화학작용놀이 • 070

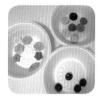

빙글빙글 돌아라
골판지 팽이 회전놀이 • 072

끼리끼리 모여라
뒤죽박죽 성의 비밀 분류놀이 • 074

옛날에는 누가 살았을까?
양초 화석 만들기 화석놀이 • 076

PART 1

오늘 하루는 과학에 흠뻑!

물 만난 과학

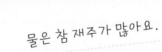

물은 참 재주가 많아요.

모양이 자유자재로 바뀌고, 물건을 띄우기도 하고,

기름을 만나면 피하고, 온도에 따라 위치를 바꾸는 등

여러 가지 재주가 있어요. 그래서일까요?

아이들에게 물은 신나는 탐색 재료가 됩니다.

오늘 하루는 물 좀 튀기며 놀아 봐요.

과학에 흠뻑 빠지는 즐거운 하루가 된답니다.

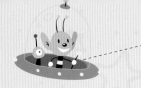

물위에 둥둥 빵끈 소금쟁이 만들기

다리에 무수히 많이 난 잔털을 이용하여 개울이나 연못 위를 둥둥 떠다니는 소금쟁이를 본 적 있나요?
빨대와 빵끈을 이용해서 물위에 둥둥 뜨는 소금쟁이를 만들어 보세요.

놀이 목표

• 표면장력
• 부력
• 무게 분산

교과 연계

• 탐구, 어떻게 할까요?

준비물

• 주름빨대, 빵끈,
큰 그릇, 물

이 놀이는요~

지방이 분비되는 다리의 잔털과 물의 표면장력에 의해 물 위에 떠다니는 소금쟁이를 빵끈을 이용해 만들어 보는 활동입니다. 놀이 전이나 후에 소금쟁이에 관한 책을 연계해서 읽으면 더욱 좋겠죠?

Step 1 : 빵끈 물에 띄우기

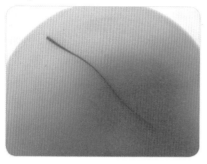

1 빵끈을 물에 넣어 봅니다. 먼저 옆으로 세워서 넣어 봅니다. 옆으로 넣은 것은 물에 뜨지 않아요.

Tip 실험하기 전에 아이에게 결과를 미리 예측해 보게 하시고 실험을 통해 확인할 수 있도록 유도해 주세요.

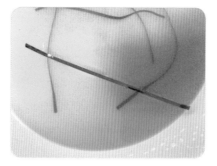

2 빵끈을 평평하게 펴서 넣어 보세요. 평평하게 펴서 물위에 살살 놓아 주면 기다란 빵끈이 물위에 뜬답니다.

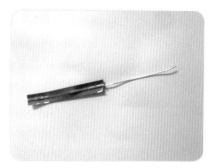

3 빵끈의 비닐을 벗기면 철사가 나오죠? 철사만 물에 넣으면 뜰지 가라앉을지 생각해 보고, 직접 실험해 보세요.

Tip 빵끈의 비닐을 벗긴 철사는 물에 가라앉아요. 철사를 둘러싼 비닐 때문에 물 위에 뜨는 것이랍니다.

아하! 그렇군요.

부력 키우기
물위에 어떤 물체가 떠 있을 수 있게 하는 힘을 '부력'이라고 합니다. 일반적으로 물의 밀도보다 더 큰 밀도를 가진 물체의 경우 물위에 뜰 수 없지만, 밀도가 큰 물체를 얇게 펴서 물에 닿는 면적을 더 크게 만들거나 빵끈의 경우처럼 물보다 작은 밀도를 가진 비닐을 넓게 펴서 물과 닿는 면적을 넓게 만들어 주게 되면 물보다 밀도가 큰 철사라도 물위에 뜨게 됩니다.

Step 2 : 빵끈 소금쟁이 만들기

4 빨대를 주름 부분을 포함하여 12cm 정도 되게 잘라 준비합니다.

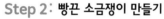

5 준비된 빨대에 빵끈을 한 번 돌려 감은 후 꼬아 고정시킵니다.

6 꼰 부분에서 1cm 정도 내려온 지점에서 빵끈을 양옆으로 벌립니다. 평평하게 펴서 다리를 완성해 주세요.

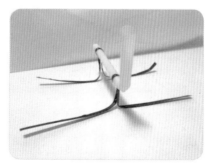

7 빵끈의 끝을 스키의 앞코처럼 살짝 위로 구부려 주세요. 물에 더 잘 뜬답니다.

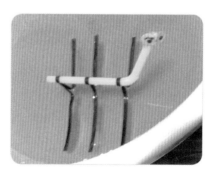

8 총 3쌍의 다리가 되게 하고, 얼굴도 붙여 줍니다. 완성된 소금쟁이를 물위에 가만히 놓아 띄운 다음, 후~ 불어 보세요.

뜰까 가라앉을까? 물에 바늘 띄우기

물 위에 가느다란 물체가 떠 있어요. 우리 집 연못에 소금쟁이가 놀러 온 것일까요?
가느다란 몸통은 맞는데 자세히 보니 다리가 없네요. 이 가느다란 물체의 정체는 과연 무엇일까요?

놀이 목표
• 표면장력

교과 연계
• 탐구, 어떻게 할까요?

준비물
• 바늘, 휴지(두루마리 휴지 1칸),
세숫대야, 주방세제

이 놀이는요~

바늘은 물에 뜰까요, 가라앉을까요? 가벼운 물건이니 물에 뜬다고요? 아니 쇠로 된 물건이니 가라앉는다고요? '예측'과 '실험'은 과학에서 아주 중요한 절차입니다. 아이들과 함께 현상을 예측해 보고 실험을 통해 직접 확인해 보며 과학자의 면모를 길러 주세요. 물보다 밀도가 높아 가라앉는 쇠로 만들어진 바늘을 표면장력을 이용해 물에 띄우는 과학놀이입니다.

1 나무로 된 이쑤시개, 빨대 등 바늘처럼 가늘고 긴 물건들을 찾아보세요. 그런 다음 물 위에 뜨는 것과 가라앉는 것을 예상해 보고 직접 실험해 봐요.

2 가늘고 길지만 쇠로 만들어진 바늘이 물 위에 뜰지 생각해 봐요.

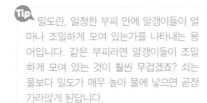

Tip 밀도란, 일정한 부피 안에 알갱이들이 얼마나 조밀하게 모여 있는가를 나타내는 용어입니다. 같은 부피라면 알갱이들이 조밀하게 모여 있는 것이 훨씬 무겁겠죠? 쇠는 물보다 밀도가 매우 높아 물에 넣으면 곧장 가라앉게 된답니다.

3 두루마리 휴지 한 칸을 한 겹만 분리해서 물 위에 살짝 올려놓으면 휴지가 물 위에 뜹니다. 그 위에 바늘을 살짝 얹어 보세요.

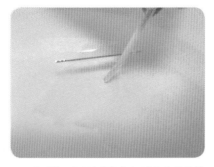

4 휴지를 나무젓가락이나 연필의 뾰족한 부분으로 살살 눌러서 가라앉힙니다. 물에 젖은 휴지가 가라앉아도 바늘은 그대로 물 위에 떠 있게 된답니다.

아하! 그렇군요

물의 표면장력
물 표면에서 물 알갱이(분자)들은 서로 강하게 끌어당기고 있는데, 이를 물의 표면장력이라고 합니다. 바늘을 휴지 위에 놓으면 바늘이 휴지 위에 떠 있게 됩니다. 그 상태에서 휴지를 슬며시 제거해도 표면장력에 의해 바늘은 균형을 잡고 물 위에 뜨게 됩니다.

5 바늘을 여러 개 띄운 후, 휴지를 연필 등으로 살살 눌러 가라앉히세요.

6 물의 표면장력에 의해 물위에 떠 있는 바늘들이 한쪽으로 밀려 서로 달라붙게 됩니다.

7 바늘을 가라앉게 하려면 어떻게 해야 하는지 생각해 봐요. 세숫대야를 흔들거나, 바늘을 건드리면 균형이 깨지면서 가라앉게 됩니다. 또 연필 끝에 세제를 묻히고 바늘 근처에 살짝 갖다대도 바로 가라앉습니다.

Tip 세제에는 계면활성제라는 성분이 있는데 이 성분이 물 알갱이들의 결합을 약화시키는 역할을 합니다.

물만 주면 별이 되는 **별이 된 나무젓가락**

예쁘고 귀한 우리 아이를 위해서라면 별도 달도 따 주고 싶은 게 부모 마음이죠?
오늘은 나무젓가락을 이용해서 우리 아이에게 별님을 따다 주기로 해요.

놀이 목표

• 모세관을 통한 물의 이동
• 물의 흡수

교과 연계

• 모습을 바꾸는 물

준비물

• 나무젓가락 5개,
 스포이트 또는 빨대, 물감, 컵

이 놀이는요~

부러진 젓가락에 물이 닿으면 서서히 별 모양이 되는 신기한 실험입니다.
구겨져 있던 풍선에 공기가 들어가면 구겨진 부분이 펴지듯이 나무젓가락
이 물을 흡수하여 팽창하면서 꺾인 부분이 펴지게 되는 원리를 이용한 것
이랍니다.

1 나무젓가락의 가운데 부분을 분리가 되지 않을 정도로만 살짝 부러뜨려 주세요.

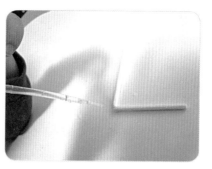

2 부러진 부분에 물을 한두 방울 떨어뜨려 보세요. 나무젓가락이 물을 흡수하면서 천천히 펴지는 모습을 관찰할 수 있습니다.

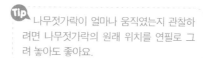 **Tip** 나무젓가락이 얼마나 움직였는지 관찰하려면 나무젓가락의 원래 위치를 연필로 그려 놓아도 좋아요.

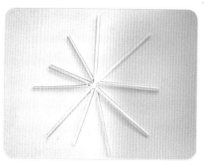

3 나무젓가락 5개를 1과 같이 살짝만 부러뜨린 후, 적당한 간격으로 빙 둘러 놓습니다.

Tip 놓기 전에 어떻게 놓아야 나무젓가락이 펴지면서 별 모양이 될지 생각해 보게 하세요. 별 모양을 그려 옆에 놓아 두고 생각하도록 하면 도움이 됩니다.

4 3의 중앙에 물감을 섞은 물을 세 방울 정도 떨어뜨린 후, 변화를 관찰합니다.

★ 물감을 섞으면 물이 흡수되는 모습이 잘 보입니다.

5 나무젓가락이 펴지면서 서서히 별 모양이 됩니다.

6 색이 번진 나무젓가락을 자세히 살펴보며 물이 흡수된 모습을 관찰합니다. 나무젓가락이 물을 흡수하여 팽창하면서 꺾인 부분이 펴지게 되어 별 모양을 만들어 낸다는 것을 이야기해 주세요.

펴지는 신문지

신문지를 구긴 후 물이 담긴 그릇에 넣습니다. 종이도 나무젓가락처럼 물을 흡수하면서 점점 펴지는 것을 관찰할 수 있어요. 종이나 나무처럼 물을 흡수하는 물건들을 찾아보세요.

예) 스폰지, 옷, 수건 등 천으로 만든 물건, 솜 등

트레비 분수보다 멋져! # 탁구공 분수 만들기

여름이면 시원스레 물을 쏟아 내는 분수를 본 적이 있나요? 우리 집에도 작은 분수를 설치해 보기로 해요.
탁구공 하나만 있으면 아주 멋진 나만의 작은 분수를 만들 수 있답니다.

놀이 목표
• 온도에 따른 공기의 부피 변화

교과 연계
• 열 전달과 우리 생활

준비물
• 탁구공, 유성펜, 송곳,
고무찰흙, 그릇, 물감

이 놀이는요~

이 놀이는 온도에 따라 공기의 부피가 달라지는 기체의 성질을 이용해 멋진
탁구공 분수를 만들어 보는 과학 만들기 활동입니다. 온도가 올라가면 기체
가 차지하는 부피가 커지고, 온도가 내려가면 그 부피가 작아지는 기체의 성
질을 잘 관찰해 보세요.

Step 1 : 탁구공에 물 넣기

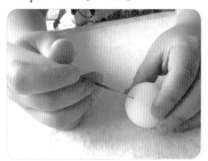

1 송곳으로 탁구공에 구멍을 내 주세요.

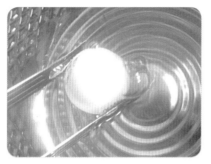

2 1의 탁구공을 뜨거운 물에 담가 탁구공 속 공기를 뺍니다. 뽀글뽀글 공기가 나오는 모습을 관찰해요.

> **Tip** 뜨거워진 공기는 움직임이 활발해져 입자끼리 서로 멀어지게 되므로 일부 공기들이 탁구공 밖으로 빠져나갑니다. 물의 온도가 뜨거울수록 더 많은 양의 공기가 밖으로 빠져나옵니다.

3 이제 탁구공 안에 물을 넣을 차례예요. 어떤 방법이 있을지 자유롭게 생각할 수 있도록 도와주시고, 직접 시도해 보게 하세요. 예) 물에 담그기, 스포이트 이용하기, 면봉에 물을 묻혀 구멍에 대고 떨어뜨리기

4 뜨거운 물에서 꺼낸 탁구공을 바로 찬물 (얼음물)에 넣어 보세요. 공기가 빠져나온 만큼 물이 안으로 들어갑니다. ★ 찬물에 물감을 풀면 물이 들어간 것을 관찰하기 좋아요.

5 탁구공을 꺼내 흔들어 물이 들어간 것을 확인해 보게 합니다.

> **Tip** 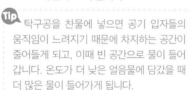 탁구공을 찬물에 넣으면 공기 입자들의 움직임이 느려지기 때문에 차지하는 공간이 줄어들게 되고, 이때 빈 공간으로 물이 들어갑니다. 온도가 더 낮은 얼음물에 담갔을 때 더 많은 물이 들어가게 됩니다.

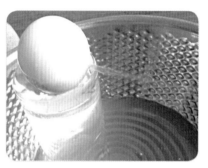

6 탁구공을 구멍이 정면을 향하게 해서 컵 등에 올려놓고, 탁구공 위에 뜨거운 물을 부어 주고 잠시 기다리면 물이 앞으로 발사됩니다. ★ 공이 흔들릴 경우 밑부분을 고무찰흙 등으로 고정시켜 주세요.

Step 2 : 탁구공 분수 만들기

7 구멍 뚫린 곳이 입이 되게 하여 탁구공을 예쁘게 꾸민 후, 고무찰흙을 이용해 받침을 만들어 줍니다.

8 '뜨거운 물에서 공기 빼기 → 차가운 물에서 물 넣기' 순서 기억하시죠?

9 마지막으로 다시 뜨거운 물을 탁구공 위쪽에서 천천히 부어 보세요. 입에서 물을 뿜어 내는 예쁜 분수가 만들어집니다.

물아, 쏟아져라! 구멍송송 스타킹 물놀이

수리수리 마하수리, 물아 그대로 멈춰라~ 컵을 뒤집어도 물이 쏟아지지 않게 할 수 있을까요?
엄마의 스타킹만 있으면 OK! 엄마의 구멍 송송 스타킹이 어떻게 물을 막을 수 있을까요?

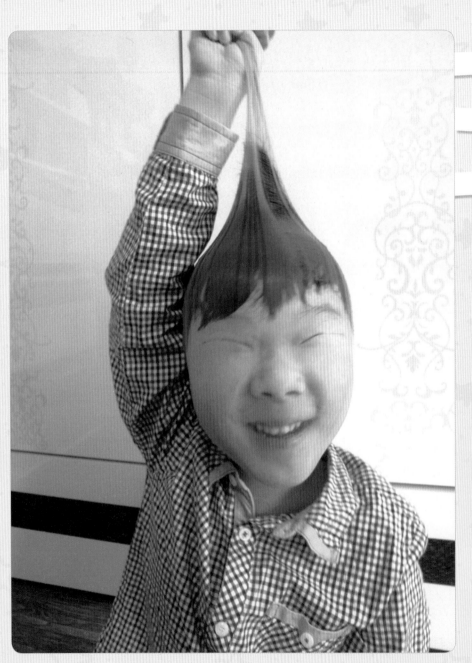

놀이 목표

• 물의 표면장력

교과 연계

• 모습을 바꾸는 물

준비물

• 컵, 스타킹 또는 양파망, 고무줄, 세제, 이쑤시개

이 놀이는요~

물이 다른 물체와 접촉할 때 그 접촉면을 최소화하려고 물 알갱이들끼리 서로 끌어당겨 뭉쳐 있으려는 성질을 '표면 장력'이라고 합니다. 이 놀이는 물의 표면장력으로 인해 구멍이 송송 뚫린 스타킹으로 막고 거꾸로 들어도 컵의 물이 쏟아지지 않음을 경험해 보는 활동입니다.

1 물이 담긴 컵이 있어요. 컵을 뒤집어도 물이 쏟아지지 않게 할 수 있는 방법을 찾아 보아요.

"어떻게 하면 컵을 뒤집어도 물이 쏟아지지 않을까?"
"손으로 막고 뒤집어요."

2 **스타킹 관찰하기** 스타킹을 늘여 스타킹이 완전히 막혀 있지 않고 '구멍'이 있다는 것을 알려 주세요. 늘인 스타킹 너머로 서로의 얼굴을 보고, 스타킹을 머리에 써 보기도 하며 놉니다.

3 빈 컵에 스타킹을 되도록 팽팽하게 잡아 당기면서 씌우고 고무줄로 단단히 고정시 키세요. 그러고 나서 스타킹을 씌운 컵에 물을 부어 보게 합니다.

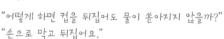 물을 붓기 전에 아이에게 컵 안으로 물이 들어갈지 안 들어갈지 추측해 보게 합니다.

4 컵 안에 물이 고인 것을 확인합니다. 이번 에는 컵을 뒤집으면 물이 샐지 안 샐지를 물어보세요.

5 **거꾸로 뒤집기** 수직으로 재빨리 뒤집어 주세요. 짜잔~! 컵을 거꾸로 뒤집어도 물이 새지 않아요.

"스타킹에 구멍이 있는데도 물이 새지 않지?
물 알갱이들이 서로를 꼭 잡아당기면서 스타 킹의 작은 구멍들을 막아 주었어."

6 **물 흘려 보기** 그럼 이제 물이 새어 나오게 해 봐요. ① 손가락으로 스타킹을 찌르면 물이 새어 나옵니다 ② 옆으로 기울이면 물이 새어 나와요. ③ 이쑤시개에 세제를 묻혀 찔러 보세요. 세 제에는 물의 표면장력을 약화시키는 계면활성제가 들어 있어 물이 터지듯 흐른답니다.

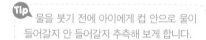 손가락이나 세제를 활용하기 전에 먼저 아이와 함께 어떤 방법으로 하면 물이 새어 나올 수 있을지 방법을 생각해 보는 사전탐 구의 시간을 꼭 갖도록 해 주세요.

물을 끌어올려라 초간단 빨대 스포이트

한 컵에 있는 물을 다른 컵으로 방울방울 옮기려고 하는데 어떤 도구가 필요할까요? 맞아요, 스포이트죠.
그런데 집에 스포이트가 없다고요? 그럼 오늘은 스포이트 대신 빨대로 옮겨 볼까요?

놀이 목표
• 도구의 편리함

교과 연계
• 여러 가지 기체

준비물
• 빨대, 물약병, 고무찰흙

이 놀이는요~

스포이트를 관찰하여 공기의 존재를 알고, 공기의 힘을 이용해 물을 옮겨 보는 활동입니다. 집에 스포이트가 없다면 사진 등으로 스포이트를 보여 주고, 바로 빨대 실험으로 넘어가서 빨대를 이용해 스포이트를 만들어 보면 됩니다.

Step 1: 스포이트 관찰하기

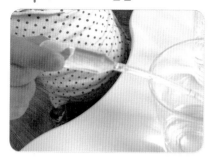

1 스포이트를 보여 주고, 어떻게 사용하는지 생각해 봐요. 그러고 나서 사용 방법을 가르쳐 주세요.

Tip 스포이트를 물에 넣고 위쪽을 눌렀다가 놓으면 물이 들어갑니다. 아래쪽에 구멍이 있는데도 물이 쏟아지지 않는 것을 확인시켜 주세요.

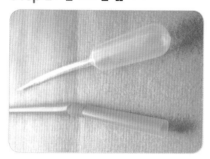

2 스포이트 속에 물을 가득 넣어 봐요. 최대한 많이 넣으려면 어떻게 해야 할까요?

Tip 물을 최대한 많이 넣으려면 스포이트 내의 공기를 최대한 빼야겠지요? 스포이트를 위쪽부터 돌돌 말아 공기를 모두 뺀 상태에서 스포이트를 물에 넣은 후 말았던 스포이트를 놓아 보세요.

스포이트의 원리

스포이트 속은 우리 눈에는 보이지 않는 공기로 채워져 있어요. 스포이트를 얼굴에 대고 세게 누르면 스포이트 속에서 밀려 나오는 바람을 느낄 수 있답니다. 스포이트를 물에 넣고 위쪽을 누르면 안에 있던 공기가 밖으로 밀려 나오면서 공기방울들이 뽀글뽀글 올라옵니다. 그후 다시 손을 놓으면 스포이트는 원래 모습으로 돌아오고, 안쪽의 공기가 빠져나가 비어 있는 곳으로 물이 들어가 채워지게 됩니다.

Step 2: 빨대로 물 옮기기

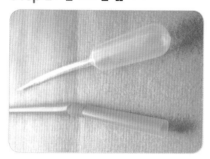

3 스포이트와 빨대를 비교해 봐요. 스포이트는 한쪽이 막혀 있는데, 빨대는 앞뒤로 구멍이 있는 것을 확인한 후, 빨대로 스포이트처럼 물을 담아 옮기려면 어떻게 해야 할지 생각해 보게 하세요.

4 빨대를 물에 넣고 입으로 빨았다가 물이 올라오면 숨을 멈춘 후, 다른 컵으로 옮겨서 숨을 쉬면 물이 옮겨집니다.

Tip 잘 보이게 하려면 포도주스 등 색깔이 있는 음료수를 사용하셔도 좋습니다.

5 이번에는 빨대를 물속에 넣은 채 빨대의 위쪽 구멍을 엄지손가락으로 잘 막은 후, 그대로 들어올려 빨대 속에 물이 들어 있는 것을 확인해요. 막았던 손가락을 떼면 물이 아래로 쏟아져 나옵니다.

Step 3: 빨대 스포이트 만들기

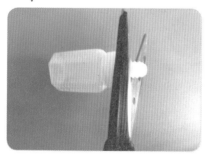

6 물약병의 입구를 빨대 크기에 맞게 가위로 자릅니다.

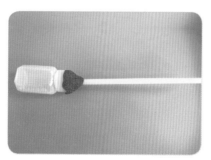

7 빨대를 약병 입구에 끼우고 고무찰흙으로 틈을 메워 줍니다.

8 빨대 스포이트로 액체를 빨아들여 봅니다. 어때요? 잘 만들어졌나요? ★ 주름빨대를 이용하면 보다 다양한 방법으로 물을 빨아들일 수 있어요.

물 파도~ 기름 파도~ 나만의 바다 만들기

여름 바다의 출렁이는 파도 생각만 해도 시원하죠? 작은 병 속에 바다를 담아 볼까요?
작은 바다이지만 알록달록 열대어도 있고, 춤추는 빙하도 있고 있을 건 나 있답니다.

놀이 목표

• 서로 다른 액체의 밀도차

교과 연계

• 혼합물의 분리

준비물

• 작은 주스병, 물, 기름, 파란색 물감, 얼음, 풍선

이 놀이는요~

물과 기름은 섞이지 않죠? 그런데 왜 물과 기름이 섞이지 않는지 그 이유도 알고 있나요? 물과 기름의 밀도가 서로 다르기 때문이에요. '밀도'란 같은 크기의 그릇 속에 들어 있는 물질의 질량을 말합니다. 이 실험은 물과 식용유가 밀도 차이로 인해 서로 섞이지 않는 성질을 이용한 실험입니다.

Step 1: 물, 기름, 얼음 밀도 관찰하기

1 컵에 적당량의 물과 식용유를 따른 후, 서로 비교하면서 관찰해 보세요. 맛, 냄새, 촉감 등을 전부 느껴 보세요.

"이 두 컵에는 물과 기름이 있는데 어느 쪽이 물이고 어느 쪽이 기름일까?"

"투명한 쪽이 물이고 약간 누런 쪽이 기름이에요."

2 관찰하기 편하도록 물에 파란색 물감을 섞은 후, 식용유(기름)에 물을 약간 넣어 보고, 물에 식용유를 넣어 보면서 물과 기름이 서로 어떻게 되는지 관찰합니다.

Tip 물의 밀도가 더 크기 때문에 어느 것을 먼저 넣던 물이 항상 아래쪽으로 가게 됩니다.

3 물과 식용유를 1:1로 병에 넣은 후, 병을 흔들었다 놓아 보세요.

Tip 기름이 물과 섞이지 않고 작게 나뉘어져 있다가 다시 기름은 위쪽으로, 물은 아래쪽으로 이동합니다.

4 컵에 물을 담고 얼음을 넣어 얼음이 뜨는 것을 관찰하세요. 젓가락으로 눌러도 다시 떠오르는 것을 확인해 보세요. ★ 얼음의 밀도가 물보다 작기 때문에 얼음이 뜨게 됩니다.

5 반대로 기름에 얼음을 넣으면 어떻게 되는지 같은 방법으로 실험해 보세요.

★ 얼음의 밀도가 기름의 밀도보다 크기 때문에 얼음이 가라앉습니다.

6 기름과 물이 섞여 있는 경우 얼음은 뜰까요, 가라앉을까요? 3의 병에 얼음을 넣고 관찰해 보세요. ★ 얼음의 밀도가 물보다는 작고 기름보다는 크기 때문에, 얼음은 물과 기름 사이에 떠 있게 됩니다.

Step 2: 바다 풍경 만들기

7 투명한 유리병에 물을 반쯤 넣고 파란색 물감을 푼 후, 식용유를 넣어 병을 채워 주세요.

8 풍선을 조각조각 자른 후, 7의 병에 풍선 조각을 넣어 주세요. 그리고 젓가락으로 살짝 눌러 주세요. ★ 풍선 대신 얼음이나 지우개를 잘라 넣어도 좋아요.

9 풍선 조각이 얼음처럼 물과 기름 사이에 떠 있는 걸 확인할 수 있습니다. 병을 살살 흔들어 보세요. 물이 흔들리면서 풍선 조각도 이리저리 춤을 춘답니다.

찬물과 더운물의 포옹 물 나누기 마술쇼

엄마 따라 목욕탕에 갔을 때 더운물이 가득한 탕 속에 들어갔더니, 위쪽은 뜨거웠는데 아래쪽은 하나도 뜨겁지 않았던 경험 있나요? 어떻게 된 일일까요? 찬물과 더운물이 좋아하는 위치가 다르기 때문이에요.

놀이 목표
• 온도에 따른 밀도차

교과 연계
• 열 전달과 우리 생활

준비물
• 찬물, 더운물, 유리병 2개, 물감,
  큰 페트병, 큰 그릇, 책받침
  (또는 얇은 플라스틱 판)

이 놀이는요~

찬물과 따뜻한 물의 밀도차를 이용한 과학놀이입니다. 어른들은 경험 상 당연하게 여기는 일들에 대해 아이들은 '왜'라는 질문을 하게 됩니다. 이러한 호기심들을 잘 충족시켜 주면 아이들이 과학에 조금 더 쉽고 편하게 다가갈 수 있는 밑거름이 된답니다.

Step 1 : 찬물과 더운물의 여행

1 작은 음료수병에 50도 이상의 따뜻한 물을 넣고 빨간 물감을 풀어 주세요.

💬 물의 움직임을 잘 관찰하기 위해 따뜻한 물에는 빨간 물감을, 차가운 물에는 파란 물감을 넣어요.

2 찬물이 담긴 큰 페트병에 이 유리병을 가만히 넣은 후, 물의 움직임을 관찰합니다.

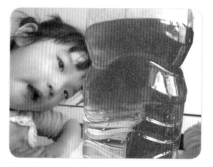

3 빨간색 물(따뜻한 물)이 위로 올라가는 모습을 관찰할 수 있습니다. ★ 따뜻한 물이 차가운 물보다 밀도가 낮기 때문에 위로 올라갑니다.

4 이번에는 작은 유리병에 차가운 물을 담고 파란 물감을 넣어 주세요.

5 따뜻한 물이 담긴 페트병에 4의 유리병을 가만히 넣은 후, 물의 움직임을 관찰합니다. ★ 차가운 물은 따뜻한 물보다 밀도가 더 높기 때문에 파란색의 차가운 물은 움직이지 않습니다.

실험 속 과학원리 밀도와 질량

'밀도'란 '일정한 부피 속에 있는 물체의 질량수'를 가리킵니다. 아이들에게 설명할 때는 '빽빽함의 정도'로 이해시키면 좋아요. 뜨거운 물일수록 밀도가 낮은데, 뜨거울수록 물 입자들의 움직임이 활발하여 같은 크기 안에 들어 있는 입자 수가 더 적기 때문입니다.

Step 2 : 찬물과 더운물의 포옹

6 크기가 같은 음료수병에 차가운 물과 따뜻한 물을 담아 준비합니다. 따뜻한 물의 병 입구를 책받침으로 막은 뒤 뒤집어 차가운 물의 병 입구에 맞춰 세웁니다. 따뜻한 물은 위에, 차가운 물은 아래에 둡니다.

7 책받침을 천천히 잡아당겨 뺀 후, 어떤 현상이 일어나는지 관찰해 보세요.

💬 처음에는 두 병에 들어 있는 물의 온도 차이에 의해 물이 섞이지 않습니다. 하지만 시간이 지나 물의 온도가 서로 비슷해지면 서로 섞이게 됩니다.

8 물의 위치를 바꿔 찬물을 위에, 따뜻한 물을 아래에 놓고 같은 방법으로 실험해 보세요.

💬 이번에는 곧바로 차가운 물이 아래로 내려오고 따뜻한 물이 위로 올라가서 서로 섞이게 됩니다. 두 물의 온도차가 클수록 더 빨리 섞이게 됩니다.

기압놀이
7세 이상

욕심을 막아요 가득 차기 전에 새는 컵

술이 일정량 이상 차오르면 모두 밑으로 흘러내려 버리도록 만든 잔이 있어요. '가득참을 경계하는 잔'이란
뜻의 계영배(戒盈杯)가 그것인데요, 오늘은 계영배를 만들어 아빠에게 선물하기로 해요.

놀이 목표
• 대기압의 차이 경험하기

교과 연계
• 탐구, 어떻게 할까요?

준비물
• 주름빨대, 고무줄,
뚜껑 있는 플라스틱 컵 2개,
양면테이프 또는 고무찰흙

이 놀이는요~

사이펀의 원리를 이용한 장
난감 만들기 활동입니다.
'사이펀'은 용기를 기울이지
않고 높은 곳에 있는 액체
를 낮은 곳으로 옮기는 관
을 가리키는데, 수세식 변
기에서 물이 내려가는 원리
가 바로 이 '사이펀의 원리'
랍니다.

Step 1 : 계영배 만들기

1 주름빨대를 구부려 고무줄로 살짝 묶은 다음, 구부러진 빨대 바로 밑에 양면테이프를 넉넉히 감아 주세요. 양면테이프 대신 고무찰흙을 사용해도 좋습니다.

물이 새지 않도록 빨대와 컵을 틈 없이 연결해 주세요.

2 컵의 바닥 중앙에 송곳으로 구멍을 뚫고, 1의 빨대를 양면테이프 부분이 구멍에 끼워지도록 합니다. 이때 빨대 입구가 컵바닥에서 1cm 정도 떨어지게 붙입니다.

3 2를 뚜껑 달린 컵과 연결하면 오늘의 실험기구인 계영배 완성!

Step 2 : 계영배 관찰하기

4 천천히 물을 부어 보세요. 처음에는 컵 안에 물을 따라도 아래 컵으로 물이 흐르지 않습니다.

구부러진 곳

5 어느 높이에서 물이 흐르는지 관찰해 보세요. 물이 빨대의 구부러진 부분까지 올라오면 물방울이 떨어지면서 물이 새기 시작합니다.

빨대 입구

6 아래 컵으로 계속 흐르던 물은 구부러진 빨대 입구가 드러나면 다시 흐르지 않고 멈춥니다.

사이펀의 원리

높은 곳의 물(A)에 호스를 넣고 입으로 빨아들이면 호스 속의 공기압이 낮아지면서 A의 물이 호스 속으로 빨려 들어가게 되고, 호스의 꼭대기를 지나는 순간부터는 중력의 힘으로 물이 아래로 흐르게 되는 것입니다.

사이펀의 원리가 이용된 곳
① 화장실 변기 ② 세면대 ③ 커다란 어항의 물을 갈아 줄 때도 사용합니다.

안개비를 뿜어요~ # 간이 분무기 만들기

분무기로 물을 뿌려 본 적이 있나요? 미장원에서 머리에 칙칙, 엄마가 나뭇잎에 칙칙, 창문을 닦을 때 칙칙!
통 속의 물이 어떻게 안개처럼 뿌옇게 뿜으며 앞으로 나가는 걸까요?

놀이 목표

- 공기의 흐름과 압력 변화

교과 연계

- 탐구, 어떻게 할까요?

준비물

- 굵은 빨대 1개, 뚜껑 있는 통,
  송곳, 셀로판테이프

이 놀이는요~

공기의 흐름에 따라 생기는 압력 차를 이용한
장난감을 만들어 베르누이의 원리를 경험해
볼 수 있는 활동입니다.

Step 1 : 분무기 관찰하기

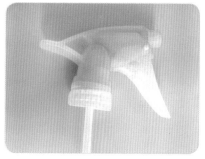

1 아이에게 분무기를 보여 주고, 어떤 용도로 사용하는 것인지 이야기해 봅니다. 아이가 직접 물을 뿌리며 충분히 놀며 탐색하는 시간을 갖게 합니다.

2 분무기의 물통과 손잡이 부분을 분리한 후, 손잡이 부분을 관찰할 수 있게 해 주세요.

"손잡이 부분을 손바닥에 대고 당겨 볼까? 무엇이 나오지?"
"바람이 나와요."
"아래쪽에 물이 있을 때는 물이 나왔는데 없으니까 바람만 나오는구나."

Step 2 : 분무기 만들기

부는 곳

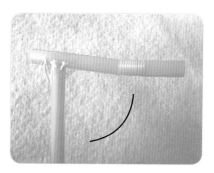

3 빨대를 7cm 정도로 자른 후, 앞쪽에서 1cm 정도 떨어진 부분에 가위로 구멍을 내고 남은 빨대를 끼웁니다. 두 빨대가 만나는 부분의 각도는 85~90도 정도가 적당합니다.

4 뚜껑이 있는 용기의 뚜껑에 구멍을 뚫은 후 3의 빨대를 넣고 불어 봅니다. 두 빨대의 각도를 조금씩 다르게 하여 불어 보면서, 물이 잘 나오는 각도를 찾아보세요. ★ 부는 힘이 약한 아이일 경우 조금 작은 용기를 준비해 주시고 아래쪽 빨대를 짧게 해 주세요.

"빨대를 좀 더 구부려서 불어 볼까? 좀 더 세게도 불어 보자."

5 물이 잘 뿜어지는 각도를 찾았으면 빨대가 벌어지지 않도록 테이프로 고정해 주세요.

6 간이 분무기 완성! 나만의 분무기로 신나게 놀아 보아요. 세게 불어 보고 천천히 불어 보면서 차이를 느껴 봅니다. 세게 불수록 입자가 작은 물방울들이 뿜어져 나옵니다.

Tip 컵이나 500ml 페트병을 이용해도 되지만, 적절한 각도를 찾는 과정에서 물이 쏟아질 수 있어요.

실험 속 과학원리 베르누이의 원리

'베르누이의 원리'는 기체나 액체 같은 유체의 속도가 빨라지면 일정 지점에서 받는 압력이 낮아진다는 것입니다. 위 실험에서 위쪽 빨대에 바람을 세게 불어 위쪽 공기의 흐름이 빨라지면 위쪽 빨대 속의 압력이 낮아지면서 아래쪽에 있는 컵의 물이 위로 밀려 올라오게 됩니다. 이때 위로 올라온 물은 다시 위쪽에 흐르는 빠른 공기들로 인해 앞쪽으로 뿜어져 나오게 된답니다.

에너지전환놀이
5세 이상

쌩쌩 잘도 돈다! 감자로 만든 물레방아

물의 힘으로 빙글빙글 돌아가는 물레방아를 본 적이 있나요? 오늘은 감자와 페트병을 이용해 물레방아를 만들어 보기로 해요. 시원하게 돌아가는 물레방아와 함께 가족의 스트레스도 확 날아간답니다.

놀이 목표
• 에너지의 전환

교과 연계
• 에너지와 도구

준비물
• 감자(또는 무), 꼬치막대, 젓가락, 페트병(500ml 원통형), 가위

이 놀이는요~

물의 힘을 이용해 곡식을 찧던 농기구인 물레방아를 만들어 보세요. 높은 곳에서 떨어지는 물이 방아를 움직이는 힘으로 전환되는 과정을 경험할 수 있습니다. 우리 조상들이 다양한 과학적 도구들을 발명해 사용해 왔다는 것을 이해할 수도 있어요. 더불어 오늘날 우리가 사용하는 전기에너지는 태양, 물, 바람 등 다양한 자연의 에너지를 변환시킨 결과물이기도 하지요.

1 책이나 인터넷 등을 통해 물레방아를 찾아 보고, 어떻게 쓰는 물건인지 이야기 나누 어 보세요. 가족이 여행 갔던 사진 중에도 물 레방아를 찾아보세요.

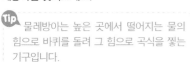

Tip 물레방아는 높은 곳에서 떨어지는 물의 힘으로 바퀴를 돌려 그 힘으로 곡식을 찧는 기구입니다.

2 감자를 3×3×5cm 정도의 직육면체 모 양으로 자릅니다.

3 젓가락을 이용해 길게 구멍을 냅니다.

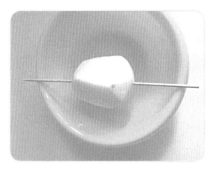

4 젓가락으로 낸 구멍에 꼬치막대를 통과 시켜요. 꼬치막대가 없다면 나무젓가락을 이용해도 됩니다. ★ 단, 막대보다 구멍이 더 넓어 야 잘 돌아가겠죠.

5 원통형 페트병을 3×4cm 크기로 잘라 날 개 4개를 만듭니다.

6 감자의 4면에 길게 칼집을 내고, 잘라 둔 플라스틱 날개를 꽂습니다. 유성펜으로 날개에 그림을 그려 넣어도 좋습니다. ★ 모든 조각이 같은 방향으로 휘어지도록 꽂습니다.

7 막대 끝을 양손으로 잡고 플라스틱 날개 에 바람을 불어 보세요. 더 잘 돌아가는 방향이 있나요?

8 이번에는 물의 힘으로 돌려 볼까요? 물을 틀어 놓고 물레방아를 돌려 보세요.

아하! 그렇군요

물의 조건 다양하게 실험하기

1) 물 약하게 틀기 vs. 세게 틀기
2) 물 가운데에 붓기 vs. 날개 끝 쪽에 붓기
3) 물 높은 곳에서 붓기 vs 낮은 곳에서 붓기

→ 물이 셀수록, 날개 쪽에 치우칠수록, 높은 곳에서 떨어질수록 물레방아는 빨리 돈다는 사실을 알 수 있습니다.

도구는 편리해 내 이름은 깔깔 깔때기

이 페트병에서 저 페트병으로 물을 흘리지 않고 옮기려면 어떻게 해야 할까요?
그리고 어떤 도구가 필요할까요? 깔때기로 물을 옮겨 보세요. 콸콸콸 부어도 괜찮아요!

놀이 목표

• 주의 깊게 관찰하기
• 도구의 편리함

교과 연계

• 에너지와 도구

준비물

• 깔때기, 1.8L 우유통 또는
2L 페트병, 큰 그릇

이 놀이는요~

'관찰'은 과학에서 가장 중
요한 기본 활동입니다. 또
한 대부분의 도구는 주의
깊은 관찰을 통해 만들어지
게 됩니다. 우리 생활 속에
서 흔히 볼 수 있는 도구들
을 사용해 보고 도구의 편
리함을 경험해 보세요.

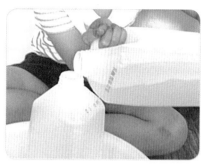

1 물 옮기기 빈 우유통에 물을 담고 다른 병으로 물을 옮겨 봐요. 물을 옮기면서 불편한 점에 대해 이야기 나눠요.

"물을 옮길 때 어떤 점이 불편하니?"
"입구를 잘 맞춰야 하고 천천히 부어야 해요. 그렇지 않으면 물이 옆으로 새요."

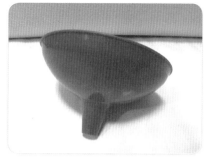

2 깔때기 관찰하기 깔때기의 모양을 관찰하고 용도를 알려 주세요. 그리고 물을 부으면 어떻게 될지 예상해 보아요.

"이건 깔때기라는 건데, 물이나 액체를 통에 담을 때 사용해."

3 깔때기를 이용해 물을 부어 봅니다. 깔때기의 좋은 점을 서로 얘기해 보아요.

"깔때기에 부으니까 좁은 입구끼리 맞출 필요도 없고, 물이 하나도 안 흘러요."

4 깔때기에 물을 좀 더 콸콸 부으며, 물이 내려가는 모습을 관찰해 봅니다.

Tip 물을 너무 콸콸 부으면 병 속의 공기가 밖으로 나오지 못해서 물이 내려가지 않아요. 이때 깔때기를 살짝 들어 주어야 병 속의 공기가 밖으로 나올 수 있어서 물이 잘 들어가요. 또한 물을 관찰해 보면 물이 돌면서 내려가는 것을 알 수 있습니다.

5 깔때기를 거꾸로 놓고 물을 부어 보아요. 물이 옆으로 새는 것을 보고 깔때기의 편리함에 대해 이야기해 주세요.

"깔때기는 넓은 쪽을 위로 해야 편리하겠다. 위가 넓어서 물을 마음 놓고 부을 수 있고 좁은 쪽을 아래로 놓아야 물이 모아지는구나."

6 집에 깔때기가 없다면 만들어 사용해 봐요. 원통과 삼각뿔 형태를 만들어 사용하면서 비교해 보는 것도 좋습니다.

7 다른 것과 비교하기 우유팩의 한쪽 끝이 뾰족한 이유에 대해 이야기를 나눠 보세요. 우리 주변에서 깔때기나 우유팩처럼 물줄기를 모을 수 있는 것들을 더 찾아보세요. 예) 바가지, 계량컵

건조한 건 싫어요 솔방울 천연 가습기

가습기도 전기도 없던 옛날, 우리 조상들은 솔방울을 보면 공기가 얼마나 건조한지,
날씨가 얼마나 맑은지 알 수 있었대요. 어떻게 알았을까요?

놀이 목표

- 식물의 생김새
- 식물이 종자를 퍼뜨리는
  방법 탐구하기

교과 연계

- 식물의 세계

준비물

- 솔방울, 오목한 접시

이 놀이는요~

물을 머금으면 오므라들었
다가 마르면서 활짝 펴지는
솔방울을 이용해 천연 가습
기를 만들어 봐요. 씨앗을
품고 있는 솔방울은 씨앗을
좀 더 멀리 퍼뜨리기 위해
맑고 건조한 날씨에 솔방울
을 펴서 씨앗을 내보낸답니
다. 반면 비가 오거나 흐리
면 씨앗을 지키기 위해 오
므라드는 현상을 보입니다.

Step 1: 소나무와 솔방울 찾기

아하! 그렇군요

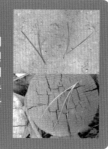

소나무 구별법
소나무 잎은 뾰족한 바늘잎이에
요. 바늘잎이 2개씩 묶여 있으면
우리나라 토종 소나무이고, 3개
씩 묶여 있으면 리기다소나무(수
입품종), 5개씩 묶여 있으면 잣
나무랍니다.

Tip 나무에 매달린 솔방울들은 오므
리고 있는데, 땅에 떨어진 솔방울
들은 줄기에서 수분 공급을 못 받
기 때문에 벌어진 것들이 많아요.

1 공원이나 숲에서 소나무를 찾아봅니다. 잎을 보고 토종 소나무, 수입 소나무, 잣나무를 구별해 봐요.
"어떤 나무가 소나무일까? 잎의 개수로 찾아보자."

2 소나무 주변에 떨어진 솔방울을
채집해 자세히 관찰해 봅니다. 오
므리고 있는 솔방울과 펴져 있는 솔방
울을 비교해 보세요.

Step 2: 솔방울 관찰하기

3 모처럼 밖에 나왔으니 데구르르~
굴리기도 한번 해 보면 좋겠죠?

4 주워온 솔방울 중 펴져 있는 솔방울은 물에 담고, 오므리고 있는 솔방울은 헤어드라이기를 이용해
말려 봅니다. 어떤 변화가 생길까요? ★ 펴져 있는 솔방울을 물에 담그면 솔방울이 오므라듭니다. 반면 물을
흡수해 오므리고 있는 솔방울을 건조시키면 솔방울이 다시 펴집니다.

Step 3: 솔방울 가습기 만들기

5 주워온 솔방울을 물에 담근 후 칫솔 등으
로 깨끗이 씻어 먼지와 이물질을 제거합
니다.

6 물에 젖은 솔방울이 오므라들어 있는 모
습을 관찰할 수 있습니다. 예쁜 그릇에
담아 방 한쪽에 두면 천연 가습기 완성! 진짜
가습 효과가 있어요.

7 하루나 이틀 정도 지나면 솔방울이 다 말
라서 활짝 펴집니다. 다 마른 솔방울을 물
에 담갔다 꺼내 놓으면 다시 가습기가 틀어지
는 거겠죠?

PART 2

어떤 원리가 숨어 있을까?

명탐정 과학놀이

빈 종이에서 스르르 비밀편지가 보여요.

발레리나가 혼자서 빙글빙글 춤을 춰요.

이건 마술일까요, 과학일까요?

아이들의 입에서 탄성을 자아내는 신기한 과학놀이들을 통해

그 속에 어떤 원리가 숨어 있는지 하나하나 찾아보기로 해요.

위대한 탐정이 될 준비, 다들 되셨나요? 출발!

쉿! 비밀이에요! 식초로 쓴 비밀편지

영화를 보면 비밀문서를 찾아낸다 해도 정작 중요한 내용을 볼 수 없는 경우가 있지요.
꼭 보여 주고 싶은 사람만 볼 수 있게 하는 비밀편지를 써 보세요.

놀이 목표

- 소다의 특성 알기
- 식초의 특성 알기

교과 연계

- 우리 생활과 물질

준비물

- 소다, 식초, 종이컵,
  A4종이, 면봉, 다리미

이 놀이는요~

우리 주변에서 흔히 볼 수 있는 소다와 식초를 이용하여 비밀편지를 쓸 수 있
다는 사실을 알고 있나요? 물을 잘 흡수하는 소다의 성질과 물을 탈수시키는
식초의 성질을 이용한 재미있는 과학놀이입니다. 소다와 식초로 글씨를 쓰고
각각의 성질에 맞게 하나는 물에 담그고 하나는 가열하면 잘 보이지 않았던 글
자들이 마술처럼 나타난답니다. 나의 마음을 비밀편지로 전달해 보세요.

Step 1 : 소다로 쓴 비밀편지

1 종이컵 1/2 분량의 물에 소다 1숟가락을 넣고 잘 저어 준비하세요.

2 1의 소다물을 면봉에 찍어 도화지에 그림을 그리거나 글씨를 쓴 후 헤어드라이기를 이용하여 완전히 말려 주세요. 자세히 보면 소다 가루가 보여요.

3 조금 떨어진 곳에서 소다편지를 보여 주며 내용이 보이는지 확인합니다. 너무 가까이서 보면 소다 가루가 보일 수도 있답니다.

"엄마가 너희들한테 하고 싶은 얘기를 그림으로 그렸어. 어떤 그림일까?"
"잘 모르겠어요."

4 대야나 세면대에 물을 받아서 편지지를 담급니다.

"이 편지는 비밀편지야. 물에 넣어야만 볼 수 있어."

5 종이가 물에 젖으면서 소다물로 그린 것이 드러납니다.

Tip 소다는 물을 좋아해서 물을 빨리 빨아들입니다. 즉, 종이의 다른 곳보다 소다로 글씨를 쓴 부분이 더 빨리, 더 많이 젖기 때문에 글씨가 보이게 됩니다.

Tip 식초가 종이에 닿게 되면 종이의 수분을 탈수시키는데, 이때 다리미로 열을 가하면 다른 부분보다 수분이 적어 더 빨리 타게 됩니다.

Step 2 : 식초로 쓴 비밀편지

6 식초를 이용해서 글씨를 써 보세요. 식초 대신 레몬을 사용해도 좋습니다.

7 면봉에 식초를 묻힌 후 여러 번 덧칠해서 글씨를 씁니다.

8 종이를 다리미로 다리면 식초로 쓴 부분이 먼저 누렇게 변해요.

자석놀이
4세 이상

자석 구조대 출동! # 클립 구출 작전

앗, 손에 들고 있던 클립이 물통 속에 풍덩 빠져 버렸어요. 손을 넣을 수도 없고,
안에 들어 있는 물을 다 쏟아 버릴 수도 없고… 어린이 여러분, 이럴 땐 어떻게 하면 좋을까요?

놀이 목표

• 자석에 붙는 물체

교과 연계

• 자석의 성질

준비물

• 클립, 자석, 투명 플라스틱컵
(유리컵) 또는 페트병

이 놀이는요~

자석은 아이들이 정말 좋아
하는 과학도구입니다. 하지
만 흔한 도구라고 여겨서
인지 오히려 자석을 가지
고 충분히 놀아 본 경험이
있는 아이들이 많지 않습
니다. 오늘은 자석을 가지
고 '자석에 붙는 것'과 '붙
지 않는 것'을 충분히 탐색
할 시간을 갖게 해 주세요.

Step 1: 클립을 잡아당기는 자석

1 2L 페트병 안에 클립을 넣어 준비합니다. 아이와 함께 클립을 어떻게 꺼내면 좋을지 생각해 봐요.

> **Tip** 병 뒤집기, 젓가락 사용 등 아이의 모든 의견을 수용하고 실행해 볼 수 있도록 도와주세요.

2 이번에는 병을 뒤집거나 안쪽에 뭔가를 넣지 않고 페트병 바깥에서 클립을 꺼낼 수 있는 도구를 생각해 보게 하세요. 그리고 자석을 제시하여 클립을 꺼내도록 합니다.

"쇠로 만들어진 클립과 아주 친한 물건이 있는데, 무엇일까?"

3 물을 넣어도 자석의 힘이 통할지 이야기 나누어 봅니다. 그리고 클립이 든 페트병에 물을 가득 채우고 병 밖에 자석을 대고 클립을 움직여 봅니다.

Step 2: 자석 탐색

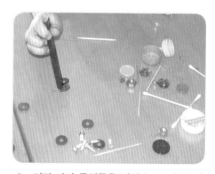

4 자석의 힘을 느껴 봐요. 자석에 클립이 몇 개나 붙을 수 있는지 예상해 보게 한 후, 자석에 많이 붙여 보게 하세요.

> **Tip** 폐차장에서 자동차를 이동시킬 때 이용할 정도로 힘이 센 자석도 있답니다.

5 두 개의 자석을 가지고 같은 극끼리 밀어내고, 다른 극끼리는 잡아당기는 자석의 성질을 관찰합니다.

6 여러 가지 물건들을 펼쳐 놓고 이 중 자석에 붙는 것은 무엇인지 생각해 봐요. 각각의 물건에 자석을 대 보고 '자석에 붙는 것'과 '자석에 붙지 않는 것'을 구별해서 그릇에 옮겨 놓아요.

> **Tip** 자석은 쇠로 된 물건 중에서도 철에 붙습니다. 따라서 음료수 캔 중, 알루미늄캔과 철캔을 분리하는 데 자석을 사용하기도 합니다.

클립이나 옷핀 등 자석에 붙는 물체를 이용해서 찾아보세요. 클립이 붙는 곳에는 자석이 숨어 있답니다.

7 집안 물건 중 자석이 숨어 있는 물건들을 찾아봐요. 예) 냉장고의 문, 옷장, 필통 등

우아하게 돌아요 빙글빙글 자석 발레리나

빙글빙글 돌면서 춤을 추는 발레리나를 본 적이 있나요? 자석을 이용하여 빙글빙글 회전하는 발레리나를 만들어 보세요. 발레리나는 빙글빙글, 우리 아이는 싱글벙글 즐거운 추억이 만들어집니다.

놀이 목표

• 자석의 극 찾아보기
• 자기력 알아보기

교과 연계

• 자석의 성질

준비물

• 둥근 자석 2개, 밑이 둥근 통(뽑기통), 쟁반 또는 과자상자, 지점토, 빨대, 나무젓가락

이 놀이는요~

같은 극끼리는 서로 밀어내고, 다른 극끼리는 서로 끌어당기는 자석의 성질을 이용한 과학놀이입니다. 둥근 자석은 극이 없는 거 아니냐고요? 둥근 자석은 앞면과 뒷면의 극이 서로 다르답니다.

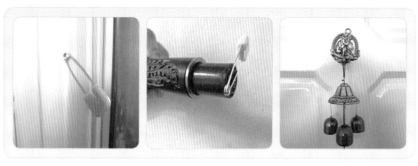

1 집안에 있는 물건 중 자석이 들어 있는 것을 찾아본 후, 그 자석의 편리함에 대해 이야기를 나누어 보세요.

"냉장고 문에도 자석이 들어 있단다. 왜 자석이 들어 있을까?"
"잘 닫혀져요."

2 둥근 자석 두 개를 준비하여, 자석 한 개에 색깔 스티커를 붙인 후 나무젓가락에 고정시킵니다.

뽑기통이 없다면 탁구공을 반으로 잘라 이용해도 됩니다.

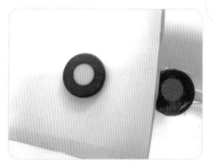

3 나머지 자석을 두꺼운 종이 위에 올려놓고 2의 나무젓가락 자석을 밑으로 가져가 서로 당기면 다른 색 스티커를, 밀어내면 같은 색 스티커를 붙입니다.

4 뽑기통처럼 밑이 둥근 용기에 자석을 놓고, 그 위에 지점토를 넣고 꼭꼭 눌러 줍니다.

5 발레리나를 그려 빨대에 붙입니다.

Tip 막대에 붙여도 좋지만 빨대가 고무 찰흙에서 더 단단히 서 있습니다.

Tip 다른 극끼리 만나면 처음에 조금 돌아가 다가 자석이 서로 가까워지면 붙어 버립니 다. 반면 같은 극끼리 가져다 대면 서로 밀 어내는 성질 때문에 더 오래 잘 돌아갑니다.

6 5를 고무찰흙에 꽂고 흔들리지 않게 세웁니다.

7 물건을 양쪽으로 쌓은 후 플라스틱 쟁반을 걸쳐서 무대를 만든 다음, 발레리나를 올려 놓습니다. 손을 움직일 수 있도록 무대 아래쪽은 뚫려 있어야 합니다. ★ 쟁반 대신 과자상자를 이용해도 됩니다.

8 댄스 타임! 발레리나 아래쪽에 나무젓가락 자석을 대면 빙글빙글 돕니다. 같은 극을 댔을 때와 다른 극을 댔을 때 중 어느 쪽이 더 잘 도는지 찾아보세요.

기포놀이
5세 이상

오르락 내리락 춤추는 포도알

아이들이 넘치는 에너지를 주체하지 못해 집안에서 난리법석인 날이 있죠? 그런 날 아주 좋은 놀이를
소개합니다. 엘리베이터를 탄듯 저절로 오르락내리락 하는 포도알이 아이들 시선을 단번에 사로잡아요.

놀이 목표

• 사이다에 녹아 있는
  이산화탄소 관찰하기

교과 연계

• 용해와 용액

준비물

• 사이다, 포도알 또는 작은 단추나
  방울토마토, 투명컵

이 놀이는요~

사이다 안에는 '이산화탄소' 기체가 녹아 있습니다. 그런데 뚜껑을
따거나 흔들면 녹아 있던 이산화탄소가 다시 기체가 되어 뽀글뽀글
기포로 올라오게 됩니다. 늘 마시던 사이다 안에도 과학의 원리가
숨어 있다니 참 신기하죠?

Step 1 : 사이다 관찰하기

1 사이다를 유리컵에 따라서 뽀글뽀글 올라 오는 공기방울(기포)을 관찰해 보세요. 어떤 것은 컵에 붙어 있기도 하고 어떤 것은 위로 올라와서 터지기도 합니다.

2 사이다를 따른 컵에 빨대를 넣어 기포들 의 움직임을 관찰해 보세요. 기포들이 빨 대에 달라붙어 빨대가 점점 위로 떠오르는 것 을 볼 수 있어요.

3 빨대를 빼고 이번에는 포도알을 넣어 보 세요. 포도알이 위아래로 움직여요. 포도 알이 위로 갈 때와 아래로 갈 때 기포들이 어 떻게 달라지는지 잘 관찰해 보세요.

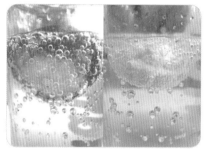
4 포도 외에 딸기, 방울토마토, 건포도 등 여러 가지 물체들을 넣어 실험해 보세요. 또한 귤처럼 무거운 물체는 넣어서 안 떠오르는 것을 확인한 후, 잘라서 넣어 떠오르게 해 보셔도 좋아요.

Tip 사이다의 기포로 인해 발생한 부력보다 더 무거운 물체는 기포가 많이 붙어도 위로 떠오르지 않습니다.

아하! 그렇군요

기포와 물체의 움직임
사이다는 이산화탄소를 높은 압력으로 물 속에 녹여 놓은 음료수입니다. '기포'는 물 속에 녹아 있던 이산화탄소가 병 뚜껑을 따 는 순간 (압력이 낮아지면서) 빠져나와 생 긴 공기방울입니다. 물체에 기포들이 많이 달라붙으면 위로 떠오르고, 기포들이 터지 면 아래로 내려옵니다. 여기서 기포는 우리 가 수영할 때 튜브의 역할과 같습니다. 물 체의 크기에 따라 뜨고 가라앉는 속도는 달 라집니다.

5 컵에 따르고 남은 사이다병을 위아래 좌 우로 신나게 흔들어 보세요.

Tip 사이다를 흔들게 되면 사이다 속의 이산화 탄소 기체들의 운동량이 증가하면서 녹아 있 던 이산화탄소가 더 빨리 빠져나오게 됩니다.

Step 2 : 사이다에 가루 넣기

6 **설탕 넣기** 포도알보다 작은 물체를 사이 다에 넣으면 어떻게 될까요? 먼저 설탕가 루를 넣고 기포들이 어떻게 반응하는지 살펴 봅니다.

7 **소금 넣기** 이번에는 굵은 소금을 넣고 기 포들이 어떻게 반응하는지 살펴봅니다.

8 **밀가루 넣기** 이번에는 밀가루를 넣고 잘 저어 줍니다. 그리고 기포들이 설탕, 소금 과 어떻게 다르게 반응하는지 살펴봅니다.

Tip 기포들은 물체의 표면에 달라붙는 것을 좋아합니다. 특히 고운 가루 형태의 알갱이는 표면적이 넓어서 더 많은 기포들이 달라 붙게 됩니다(표면 촉매 현상). 소금과 설탕은 사이다에 녹아 들어가 면서 반응이 잠잠해지지만 사이다에 녹지 않는 밀가루는 반응도 크고 더 오래 갑니다.

신나는 동전 마술! ## 지폐 위에 동전 올리기

장난감도, 책도 없이 외출했는데 아이가 지루해해서 난감했던 경험, 다들 있으시죠? 그럴 땐 동전을 꺼내 보세요. 지폐 위의 아슬아슬 동전 서커스~! 내 아이도 곧바로 집중력 강한 아이가 됩니다.

놀이 목표

- 물체의 균형
- 마찰

교과 연계

- 탐구, 어떻게 할까요?

준비물

- 동전, 지폐

이 놀이는요~

지폐의 모서리 위에 동전을 올릴 수 있을까요? 지폐를 세우기도 어렵다고요? 더구나 이 얇은 지폐 위에 무거운 동전을 올려 놓으려면 어떻게 해야 할까요? 지폐가 서서히 펴지면 동전은 조금씩 움직이면서 스스로 무게중심을 잡아 떨어지지 않게 된답니다.

1 아이와 함께 지폐를 세울 수 있는 방법을 생각해 봅니다. 다양한 방법을 시도해 보세요.

Tip 지폐 대신 적당히 빳빳한 종이를 사용해도 됩니다.

2 지폐를 세우는 방법을 찾았나요? 지폐를 살짝 접었다 펴서 세우면 됩니다.

3 접힌 지폐 위에 동전을 올려 보세요. 접힌 지폐는 받치는 부분이 넓어져 동전을 쉽게 올릴 수 있습니다.

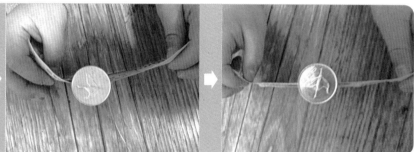

4 자, 이제 지폐 위에 동전을 올려둔 채 지폐를 천천히 펴 보세요. 지폐가 완전히 펴진 후에도 지폐 위에 동전이 세워져 있습니다.

Tip 동전이 지폐 위에 세워지는 이유는 지폐가 조금씩 펼쳐지면서 동전이 스스로 조금씩 움직이며 무게중심을 잡기 때문입니다.

저절로 균형 잡는 신기한 막대

준비물: 자 또는 막대 모양의 긴 물건

1. 양손을 세로로 세운 후 검지 위에 막대 모양의 물건을 올려놓습니다.
2. 두 손을 '천천히' 가운데로 움직여 보세요.
3. 손이 똑같이 가까워지지 않고, 한쪽 손을 먼저 움직였다가 다시 다른 쪽이 균형을 맞추기 위해 움직이는 패턴을 반복합니다.
4. 두 손이 가운데서 만날 때 한 손을 조금 더 중앙으로 살짝 움직인 뒤 다른 손을 빼면 막대가 손 위에서 중심을 잡고 서 있습니다.

Tip 이는 무게중심에서 먼 곳에 있는 쪽 손이 상대적으로 막대 무게의 영향을 덜 받게 되어 마찰력이 작기 때문에 무게중심 쪽을 향해 움직이게 됩니다.

아슬아슬 줄타기 중심잡기 놀이

피에로 아저씨가 가는 줄 위에서 아슬아슬 묘기를 부려요. 피에로 아저씨가 떨어지지 않는
이유는 무엇일까요? 길다란 막대가 중심을 잘 잡을 수 있게 도와주기 때문이지요.

놀이 목표
• 물체의 균형 잡기

교과 연계
• 탐구, 어떻게 할까요?

준비물
• 연필(짧을수록 좋아요), 철사,
  고무찰흙, 굵은 실, 색종이

이 놀이는요~

손끝에 연필을 오래 세울
수 있는 방법을 찾아보면서
무게중심 잡는 법을 경험할
수 있어요.

1 **손가락에 연필 올리기** 끝이 뾰족한 연필을 손가락에 올려 보면서 잘 서지 않는 이유에 대해 이야기합니다. 손등과 손바닥, 손가락 등 다양한 부위에 올려 봅니다.

"왜 연필이 서지 않을까?"
"아래쪽이 뾰족하고 위로만 길어서 그런 것 같아요."

2 **연필 변형하기** 곡예사들은 팔을 벌리고 줄을 타죠? 곡예사의 벌린 팔처럼 연필에 철사를 감은 후 손 위에 올려 봅니다. 이번에도 잘 서지는 않을 거예요.

3 **고무찰흙 붙이기** 적당량의 고무찰흙을 떼어내어 동그랗게 만든 후 철사의 양쪽 끝에 매답니다.

"찰흙이 붙으니까 무거워졌네?"

4 철사를 조금씩 아래로 내리면서 연필 세우기를 시도해 보세요. 어느 순간 연필이 중심을 잡고 서게 됩니다.

Tip 찰흙의 위치가 받침점 역할을 하는 손가락보다 아래로 내려가야 연필이 중심을 잡고 서게 됩니다.

5 **줄 위에 올리기** 그럼 이제 실을 타 볼까요? 엄마가 실 양쪽을 팽팽히 잡아당기고, 아이가 연필을 올려 보도록 하세요. 가느다란 실 위에서 연필이 중심을 잘 잡고 있습니다.

Tip 아이가 어린 경우 연필의 심 부분은 제거해 주시면 중심 잡기가 편해요.

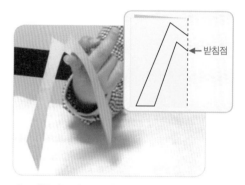

6 색종이를 반으로 접은 후, 그림과 같이 잘라 손가락 위에 올려놓아 보세요. 손가락뿐만 아니라 연필 끝에서도 잘 서 있는답니다.

← 받침점

 실험 속 과학원리 무게중심

한 물체의 어떤 곳을 매달거나 받쳤을 때 수평으로 균형을 이루는 점을 '무게중심'이라고 합니다. **무게중심을 받치면 물체 전체를 떠받칠 수 있지요.** 위 실험처럼 무게중심이 받침점보다 아래에 있으면 안정적인 균형을 잡을 수 있답니다. 보통 물건을 운반할 때 손바닥으로 받쳐 들지 않고 봉지나 가방에 넣어 들고 다닙니다. 이것은 운반의 편리함을 위한 것이지만 무거운 것이 위쪽에 있는 것보다 아래쪽에 있는 것이 더 안정적이기 때문이기도 하지요.

떨어지지 않아요 벼랑 끝의 포크와 동전

포크와 동전이 벼랑 끝에 서 있어요. 하지만 포크가 동전을 꼭 안고 있어서 동전도 포크도 떨어지지 않아요.
포크와 동전은 어떻게 균형을 잡고 서 있을까요? 집에서든 외출해서든 쉽게 해 볼 수 있는 실험이라 좋아요.

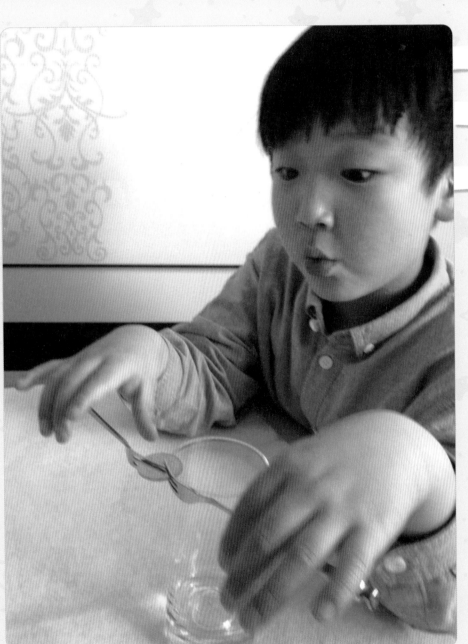

놀이 목표
• 물체의 균형 잡기

교과 연계
• 탐구, 어떻게 할까요?

준비물
• 500원짜리 동전,
같은 크기의 철제포크 2개, 컵

이 놀이는요~

식탁 위의 포크와 유리컵으로 간단하게 균형 잡기를 해 보는 실험이에요. 받침점인 동전보다 무게중심이 아래쪽으로 가게 되면 포크와 동전이 유리잔의 가장자리에서 떨어지지 않고 균형을 잘 잡고 서 있게 된답니다.

1 컵의 가장자리에 포크와 500원짜리 동전을 올려 보게 하세요. 여러 가지 방법으로 시도할 수 있도록 격려해 주세요.

"동전은 어떻게 컵 가장자리에 올릴 수 있을까?"

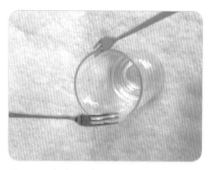

2 포크의 경우, 컵 가장자리에 끼우는 것도 좋은 방법이에요. 포크끼리 끼워서 컵에 걸쳐 놓아도 좋아요.

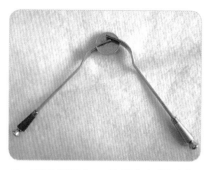

3 동전의 양쪽에 포크를 똑같이 끼웁니다.

4 연결한 동전과 포크를 손가락 끝에 올려 보세요. 동전이 손끝에서 균형을 잡고 서 있습니다.

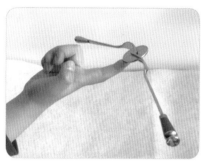

5 포크의 간격을 더 벌려 볼까요? 두 개의 포크가 거의 일자가 되도록 간격을 넓힌 후 손가락 끝에 올려 봅니다. 동전이 아까보다 살짝 기울어지면서 균형을 잡습니다.

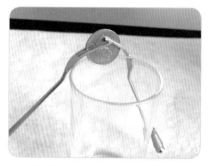

6 자, 이제 컵 가장자리에 올려 볼 차례입니다. 합체한 동전과 포크를 컵의 가장자리에 올려 보세요.

Tip 두 포크가 만드는 각도가 작아질수록 무게중심이 아래쪽으로 이동하기 때문에 동전이 점점 일어서게 됩니다.

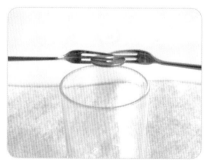

7 이번에는 두 포크가 거의 일자가 되도록 간격을 넓힌 후 컵 가장자리에 올려 보세요. 신기하게도 동전이 균형을 잡고 서 있습니다.

Tip 포크와 동전을 포함한 전체의 무게중심이 받침점이 되는 동전의 아래쪽에 있기 때문에 동전이 쓰러지지 않고 균형을 잡고 서 있게 됩니다.

팅겨라 팅겨! 동전 충돌

정지해 있는 동전을 다른 동전으로 맞히면 두 동전은 각각 어떻게 움직일까요? 여러 가지 방법으로
동전을 놓아 보고 서로 맞추어 보세요. 본인의 예상이 맞는지 눈을 크게 뜨고 관찰해 보세요.

놀이 목표

• 충돌에 의한 운동 상태 변화
• 물체의 에너지 전달

교과 연계

• 탐구, 어떻게 할까요?

준비물

• 동전 5개, (길이가 같은) 책 2권

이 놀이는요~

충돌하는 두 동전 간의 에너지 교환을 이용한 과학놀이입니다. 같은 크기의 동전을 충돌시키면 부딪치는 동전과 타깃 동전 사이에 '에너지의 교환'이 일어나게 됩니다. 알까기 놀이를 할 때 정면 충돌한 내 알이 그 자리에 멈추고 상대편 알만 앞으로 밀려 나가는 경우가 이에 해당하지요.

Step 1: 동전 튕기기

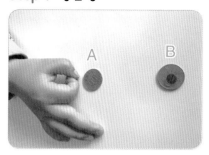

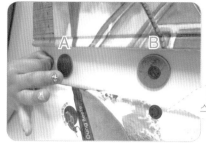

> B동전의 처음 위치를 스티커로 표시해 둡니다.

1 동전 두 개로 튕기기 연습을 해 봅니다. 타 깃 동전은 스티커로 표시해 두세요. 두 동 전의 위치가 어떻게 달라지는지 관찰해 보세 요. ★ 아이가 어리면 검지로 밀어내도 좋습니다.

"똑바로 맞추면 B동전은 앞으로 튀어나가고 A 동전은 멈추는데, 조금 빗겨서 맞추면 서로 다 른 방향으로 튕겨나가는구나."

2 동전보다 조금 넓게 책 두 권을 놓아서 동 전이 정면충돌할 수 있게 합니다. 스티커 가 붙은 동전을 중간쯤에 놓고 아이 앞에 놓인 동전으로 튕겨 봅니다.

> **Tip** A동전은 B동전이 있었던 곳 근방에 머물 고 A동전의 운동하는 힘을 전달받은 B동전 만 튕겨 나가게 됩니다.

Step 2: 타깃 동전의 개수 늘리기

> 되도록 틈이 없이 붙여주세요.

3 B동전 앞에 동전 두 개를 더 놓아 계속 실 험을 해 보세요. 동전을 튕기기 전에 어떻 게 될지 예상해 봅니다.

"동전을 치면 동전이 몇 개가 움직일까?"
"셋 다 앞으로 쭉 갈 것 같아요."

4 동전을 튕기면 가장 앞에 있는 동전만 운 동에너지를 전달받아 앞으로 튕겨 나갑 니다.

5 동전을 네 개, 다섯 개로 늘려 가며 3, 4 번 과정을 반복해 봅니다.

> **Tip** 충돌된 에너지만큼만 정지해 있던 동전에 전달됩니다. 동전 한 개가 와서 부딪힌 경우 앞에 여러 개의 동전이 있어도 단 한 개의 동전만 튕겨져 나가게 됩니다.

Step 3: 튕기는 동전의 개수 늘리기

> **Tip** 타깃 동전의 수에 관계없이 튕기는 동전의 수만큼 동전이 튕겨나가는 것을 관찰해 보세요.

6 이번에는 튕기는 동전의 개수를 늘려서 실험을 해 봅니다. 이때 도 동전을 튕기기 전에 꼭 결과를 예 상해 보는 과정을 거치도록 합니다.

7 동전이 두 개가 부딪힌 경우 정지해 있던 동전과 충돌한 동전 중 하나가 같이 앞으로 튕겨 져 나가게 됩니다.

8 튕기는 동전을 세 개로 늘려서 실험을 해 봅니다. 결과가 어떻게 달라질까요?

"세 개가 부딪히면 세 개가 튕겨져 나가겠네요?"
"맞아, 부딪힌 동전의 개수만큼 튕겨 나가는 거야."

양초로 만든 손가락

손가락 나와라 뚝딱!

예술과 과학은 관계가 아주 깊어요. 레오나르도 다빈치는 천재적인 예술가인 동시에 위대한 과학자이기도 했죠. 양초와 찬물로 손가락 모형을 만들어 보아요. 잘 만들면 예술, 약간 어색하면 과학놀이를 한 거랍니다.

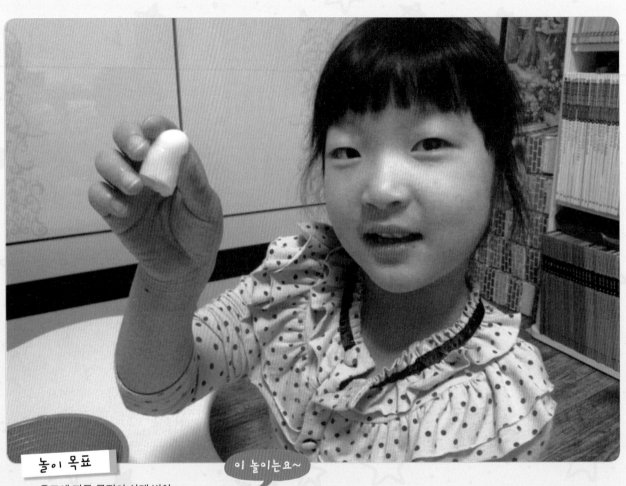

놀이 목표
• 온도에 따른 물질의 상태 변화

교과 연계
• 열 전달과 우리 생활

준비물
• 양초, 종이컵, 찬물

이 놀이는요~

양초(고체)를 가열하면 녹아서 액체인 촛물이 되었다가 온도가 낮아지면 다시 굳어 고체가 됩니다. 녹는점이 낮은 양초를 통해 '고체가 액체'로 녹았다가 다시 '액체가 고체'로 변하는 과정을 직접 체험하는 과학놀이입니다. 양초는 녹는점이 45~65℃로 낮은 편이라, 온도에 따른 액체↔고체 간의 상태 변화를 관찰하기에 좋습니다. 손을 찬물에 충분히 담갔다가 실험하면 양초 녹은 물에 데일 염려 없으니 걱정하지 마세요.

1 양초를 관찰해요. 불을 켜지 않은 양초는 단단한 고체이지만, 불을 붙이면 심지 근처의 양초가 녹아 액체가 되었다가 촛농이 식으면 다시 단단하게 굳는 과정을 관찰하세요.

2 못쓰는 냄비에 양초를 넣고 불에 녹입니다.

3 2의 양촛물을 종이컵에 담고 5분 정도 식힙니다. 찬물도 함께 준비해 주세요.

4 찬물에 손을 넣고 천천히 30까지 세면서 손을 차갑게 만들어 주세요.

5 차갑게 한 손가락을 5분 정도 식힌 양촛물에 담갔다 바로 찬물에 담급니다. 손가락을 '양촛물(종이컵) → 찬물 → 양촛물(종이컵) → 찬물'에 담그기를 3회 정도 반복해 주세요.

Tip 5분 정도 식힌 양촛물은 그렇게 뜨겁지 않아요. 하지만 엄마가 먼저 시범을 보이면 아이가 안심하고 실험할 수 있어요.

6 손가락에서 굳은 양초를 살살 잡아 빼면 끝! 손가락 모형이 완성되었어요.

7 이번에는 전체를 담가 손 모형을 만들어 보세요.

8 '양촛물→찬물'을 여러 번 반복할수록 조금 더 튼튼한 모형이 만들어집니다.

Tip 포항에 가면 '상생의 손'이라는 조형물이 있어요. 사진을 보여 주며 우리가 만든 조형물에도 이름을 붙여 보게 하세요.

내 배가 제일 튼튼해 젖지 않는 종이배

아이들이 가장 좋아하는 종이접기 아이템은 비행기와 종이배일 거예요. 그런데 종이배는 금새 물에 젖어 얼마 가지고 놀지 못해 아쉬울 때가 많아요. 튼튼한 종이배를 만들 수 있는 뭔가 좋은 방법이 없을까요?

놀이 목표

• 물질의 특성 알기

교과 연계

• 우리 생활과 물질

준비물

• 색종이, 크레파스, 양초, 세숫대야

이 놀이는요~

종이배를 양초로 코팅하여 물위에서도 젖지 않게 하는 과학놀이입니다. 종이로 만든 배는 쉽게 물에 젖어 조금 있으면 가라앉게 됩니다. 물과 서로 섞이지 않는 기름 성분이 들어 있는 양초 녹인 물을 종이배에 입혀 주면 종이배가 물에 젖지 않아 가라앉지 않게 됩니다.

1 색종이를 이용하여 종이배를 만듭니다.

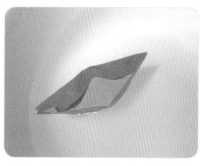

2 종이배를 물 위에 띄우고 조금 기다렸다가 종이배를 꺼내요.

3 배가 젖었음을 확인해 봐요..

"종이배가 왜 이렇게 되었을까?"
"종이가 물에 젖어서 흐물흐물해졌어요."

4 종이배를 젖지 않게 하는 방법을 생각해 봐요. 아이들과 충분히 대화를 나눈 후, 크레파스로 배 아랫부분을 꼼꼼하게 칠하도록 유도해요.

"종이배를 물에 젖지 않게 하려면 어떻게 해야 할까?"
"비닐에 넣어서 띄우거나 기름을 발라서 종이가 물에 안 닿게 하면 좋겠어요."

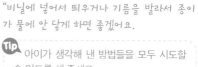
Tip 아이가 생각해 낸 방법들을 모두 시도할 수 있도록 해 주세요.

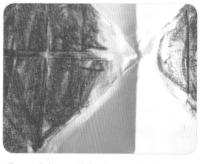

5 크레파스로 칠한 배를 물 위에 띄웠다가 꺼내 보세요. 물이 종이에 스며들지 않아 종이배를 물에서 건졌을 때 물방울이 맺히게 됩니다.

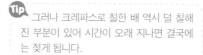
Tip 그러나 크레파스로 칠한 배 역시 덜 칠해진 부분이 있어 시간이 오래 지나면 결국에는 젖게 됩니다.

6 이번에는 양초 녹인 물로 코팅해 봐요. 양초를 녹인 물에 종이배를 넣고 건져서 식혀 주세요.

Tip 양초로 코팅된 배는 딱딱하고, 매끄러워요. 또한 물속에 들어가도 젖지 않는답니다.

7 양초로 코팅한 배를 물 위에 띄워 주세요. 거센 파도에도 끄떡없이 젖지 않는 종이배가 만들어집니다. 양초로 코팅한 배가 어떻게 변형되었는지 이야기를 나누어 보세요.

영차영차 힘내라! 줄 타고 오르는 거미

아이가 스마트폰 게임을 너무 좋아해서 걱정이라고요? 쓱싹쓱싹 엄마표 거미 한 마리면
스마트폰 중독 걱정 끝! 줄을 타고 올라가는 거미가 미끄러지지 않도록 도와주세요.

놀이 목표

• 힘의 방향
• 마찰력

교과 연계

• 물체의 운동

준비물

• 두꺼운 도화지, 굵은 실, 빨대,
가위, 셀로판테이프

이 놀이는요~

실과 빨대의 마찰을 이용하
여 거꾸로 기어오르는 거미
를 만들어 보는 놀이입니
다. 쓱쓱 실을 잡아당기면
위로 기어올라가는 거미가
아이들의 호기심을 자극합
니다.

Step 1: 거미 만들기

1 거미 그리기 A4용지 1/2 크기의 두꺼운 도화지에 거미를 그린 후 오립니다.

★ 거북이나 새처럼 아이가 좋아하는 다른 동물을 그려도 됩니다.

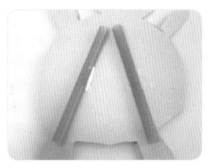

2 빨대 붙이기 1의 그림을 뒤로 뒤집은 후 3cm 길이로 자른 빨대 두 개를 붙입니다. 붙이는 방향은 ∧입니다.

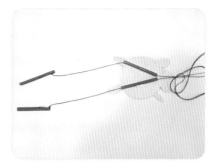

3 실 연결하기 150cm 길이로 자른 실을 빨대 양쪽에 통과시킨 후, 실의 양끝에 5cm 길이의 빨대를 묶어 손잡이를 만드세요.

Tip 실의 길이는 실을 거는 곳의 높이에 따라 조절하세요.

Step 2: 거미의 줄 타기

4 적당한 높이의 못이나 옷걸이에 실의 가운데를 걸어 줍니다.

5 자, 거미를 움직여 볼까요? 두 팔을 A자 모양이 되도록 살짝 벌리고 손잡이를 한 쪽씩 번갈아 잡아당기면 거미가 줄을 타고 올라갑니다. 거미가 줄 끝까지 올라가면 성공!

6 실의 움직임을 관찰할 수 있도록 뒤집어서 해 봅니다. 양손을 번갈아 잡아당길 때 실의 모양과 거미의 움직임을 관찰하고 이야기를 나누어 보세요.

양손을 번갈아 움직일 때 움직이지 않는 쪽의 실이 꺾이면서 거북이가 아래로 내려오는 것을 막아 줍니다. 빨대의 굵기를 다르게 하거나 빨대를 붙이는 방법(∥, ∖)을 다르게 한 후 움직임을 비교해 보세요.

Tip 빨대를 붙이는 모양에 따라 한번에 움직이는 거리가 달라집니다.

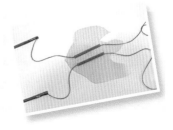

흔들거려도 넘어지지 않아요 병뚜껑 오뚝이

넘어져도 다시 일어나고 다시 넘어져도 또 일어나는 오뚝이. 밑면이 평평하지 않고 동그란데도 똑바로
서 있는 게 너무나 신기하죠? 오뚝이의 원리를 찾아 우리도 동그란 병뚜껑을 오뚝이로 변신시켜 봐요.

놀이 목표
• 무게중심

교과 연계
• 탐구, 어떻게 할까요?

준비물
• 플라스틱병 뚜껑(클수록 좋아요),
고무찰흙, 셀로판테이프, 종이,
사인펜

이 놀이는요~

쓰러졌다 일어나고 다시 쓰러졌다 일어나는 오뚝이의 원리를 아시나
요? 비밀은 바로 무게중심입니다. 오뚝이는 위쪽보다 아래쪽이 무겁고
둥글지요. 이처럼 어떤 물체의 아래쪽에 무게중심이 있을수록 그 물체
는 쓰러지지 않고, 넘어져도 언제나 제자리로 돌아오게 됩니다. 오뚝
이를 만들며 '무게중심'에 대해 탐구해 보세요.

Step 1 : 병뚜껑과 무게중심

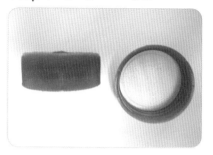

1 병뚜껑을 굴려 보세요. 병뚜껑이 구르는 이유는 무엇일까요?

Tip 병뚜껑은 모서리가 없으며 어느 한쪽으로 무게가 치우치지 않았기 때문에 둥근 면을 따라 잘 굴러갑니다.

2 병뚜껑 안쪽에 고무찰흙을 각각 전체, 1/2, 1/3을 채워 넣어 보세요. 각각의 경우 뚜껑이 어떻게 움직이는지 관찰하게 해 주세요.

Tip 전체적으로 균일하게 들어간 경우 넣지 않았을 때와 마찬가지로 잘 굴러가고, 지점토가 적은 쪽이 무게중심이 한곳으로 집중되므로 움직이는 폭이 더 작습니다.

오뚝이의 원리
오뚝이는 아랫면이 둥글어서 어느 쪽으로든 쓰러질 수 있으며, 아래쪽이 무겁습니다. 위쪽이 무겁다면 중력에 의해 쓰러져서 일어나지 않게 됩니다. 그러므로 무게중심이 아래쪽에 치우쳐 있는 오뚝이는 쓰러뜨려도 중심을 잡기 위해 좌우로 흔들리다가 결국 중심을 잡고 멈춰 서게 됩니다.

Step 2 : 병뚜껑 오뚝이 만들기

3 병뚜껑 안쪽에 고무찰흙을 1/3 정도만 채워, 무게중심이 아래쪽에 있는 오뚝이 몸통을 만들어 줍니다. 뚜껑 앞쪽도 멋지게 꾸며 주세요.

Tip 고무찰흙의 양에 따라 오뚝이가 움직이는 범위가 달라지게 됩니다. 고무찰흙이 많을수록 움직이는 범위가 커집니다.

4 4×10cm 종이를 준비하여 반으로 접어 좋아하는 동물을 그린 후, 밑변이 0.5cm 정도인 삼각형 모양이 되도록 접고 셀로판테이프로 붙여 줍니다.

Tip 그림이 너무 커지면 무게중심이 위쪽으로 이동하므로 오뚝이가 될 수 없어요.

5 그림의 밑면에 양면테이프를 붙여서 준비된 뚜껑 위쪽의 중앙에 붙여 주세요.

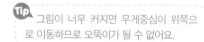

6 오뚝이를 옆으로 기울였다 놓아 보세요.

7 오른쪽으로 흔들, 왼쪽으로 흔들, 흔들리지만 쓰러지지 않고 곧 중앙으로 되돌아와요.

8 오뚝이의 움직임에 맞춰 우리 몸도 흔들어 봐요. 크게 흔들수록 재미있어요.

아이가 오르락 아빠가 내리락 달님시소

아빠가 반달 모양의 달님을 따다 주었네요. 가족 모두가 모여 시소 놀이를 해 보아요.
몸무게가 많이 나가는 아빠, 엄마는 어디에 타야 시소가 기울어지지 않을까요?

놀이 목표
• 지렛대의 원리

교과 연계
• 무게 재기

준비물
• 종이접시(대), 두꺼운 도화지,
색종이, 가위, 색연필, 빨대

이 놀이는요~

지렛대의 원리를 이용한 만들기 활동입니다. 이 놀이를 하기 전에 시
소를 타 본 경험에 대해 이야기를 나누어 보면 좋습니다. 같은 위치에
앉아 시소를 타면 무거운 친구 쪽으로 기울었던 경험과 그럴 때 무거
운 친구가 앞쪽으로 이동하면 균형이 맞았던 경험을 떠올려 봅니다.

Step 1: 달님시소 만들기

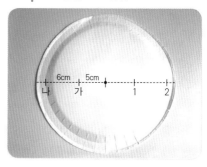

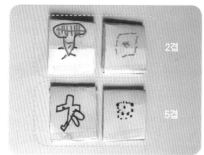

1 종이접시를 반으로 접어 반달 모양으로 만든 후 중심을 표시하고, 중심을 기준으로 일정한 간격마다 1cm 정도 깊이의 가위집을 넣고 숫자를 써 주세요.

> **Tip** 지름 25.5cm의 종이접시는 중심에서 5cm, 6cm 간격으로 가위집을 넣어요.

2 반으로 접은 상태에서 중심 부분에 구멍을 내어 빨대를 꽂고, 색종이로 꾸며 주세요.

★ 아이들은 자기 작품에 이름을 지어 주는 것도 좋아해요.

3 도화지를 3×4cm로 자른 후, 2겹을 겹친 카드 2개, 5겹을 겹친 카드 2개를 각각 준비합니다. 예쁘게 그림을 그려 넣어도 좋아요.

★ 두께에 따라 색을 달리 하면 구분하기 편리합니다.

Step 2: 평형 맞추기

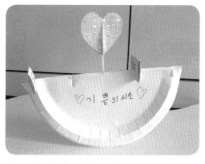

4 카드를 시소의 양쪽에 하나씩 꽂아 봐요. 어떻게 하면 시소가 평형이 될 수 있을지 생각해 보고 실행해요.

> **Tip** 같은 무게의 물체일 경우 중심에서 같은 거리에 있으면 시소가 평형을 유지합니다.

5 시소가 기울어지게 하려면 카드를 어떻게 꽂으면 되는지 생각해 보고 직접 꽂아 봅니다.

> **Tip** 같은 카드(무게)라도 중심에서 멀어진 거리만큼 힘의 크기가 커집니다. 그래서 중심에서 멀리 꽂은 카드가 있는 쪽으로 시소는 기울어집니다.

6 한쪽에 5겹짜리 카드를 추가로 끼운 후, 균형을 맞추려면 반대편에 어떻게 끼워야 하는지 생각해 보세요. 반대편에도 중심에서 같은 위치에 5겹짜리 카드를 끼워 주면 되겠죠?

> **Tip** 5겹짜리 카드를 첫째 칸에 끼웠다면 반대편 두 번째 칸에 2겹짜리를 2개(총 4겹) 겹쳐 꽂아 보세요. 살짝 건드려도 흔들흔들 균형을 잘 잡으며 평형을 유지합니다.

물풀 하나면 뚝딱! 탱탱볼 만들기

끈적끈적 흐물흐물 물풀로 여기저기 통통 튀는 신나는 탱탱볼을 만들 수 있답니다.
액체인 물풀이 어떻게 딱딱한 고체인 탱탱볼로 변할 수 있을까요? 마법의 주문을 외워 볼까요?

놀이 목표

- 붕사 용액 만들기
- 화학 반응에 의한 물질의 상태 변화

교과 연계

- 용해와 용액

준비물

- 50ml 물풀(PVA라고 적힌 것),
  붕사, 종이컵, 일회용 숟가락,
  나무젓가락, 비닐장갑, 물감
  * PVA풀은 문구점, 붕사는
    약국에서 구입할 수 있습니다.

이 놀이는요~

탱탱볼 만들기는 아이들이 무척 좋아하는 실험이기 때문에, 과학한마당이나 과학실험 강좌에서 빠지지 않고 등장하는 단골 활동입니다. PVA 가루를 이용하기도 하는데, 종류에 따라 가루가 물에 녹기 전에 서로 굳어 버리는 경우도 많아 물풀을 이용하는 편이 더 수월합니다. 과학적 원리를 진지하게 설명하려고 하지 마시고, 두 종류의 용액 속 성분이 화학 반응을 일으켜 탱탱한 덩어리를 만든다는 정도만 설명해 주시면 돼요.

1 종이컵에 따뜻한 물을 반쯤 채우고, 일회용 숟가락으로 붕사를 한 숟가락 정도 넣고 녹여서 붕사 용액을 만들어 주세요.

> **Tip** 붕사의 양이 많을수록 더 빨리 굳게 되므로 너무 많이 넣으면 너무 빨리 굳어 모양이 안 나오고 너무 조금 넣으면 잘 굳지 않습니다.

2 원하는 색깔의 물감을 한 방울 떨어뜨린 후 섞어 주세요. ★ 물감이 너무 많이 들어가면 공 색깔이 탁해져요.

3 다른 종이컵에 물풀 50ml를 부어 주세요. 어떤 상태인지 말로 표현하게 해 주세요.

"물풀은 어떤 상태일까?"
"풀은 물처럼 흐르면서 끈적끈적해요."

> **Tip** 물풀의 양이 공의 크기를 결정합니다. 물풀을 조금만 넣으면 작은 공이 만들어져요.

4 2의 붕사 녹인 물을 물풀이 들어 있는 컵에 넣어 잘 섞어 주세요. 붕사가 들어가면서 물풀이 점점 덩어리가 되기 시작합니다.

> **Tip** 붕사 용액이 물풀 속의 PVA 분자들 사이에 끼어들어 분자들을 사슬처럼 결합시켜 하나의 덩어리로 만들어 줍니다.

5 어느 정도 뭉쳐지게 되면 뭉쳐진 덩어리를 건져 올립니다.

6 비닐장갑을 끼고 꾹꾹 눌러 주면서 동그랗게 만들며 공을 완성해 보세요.

> **Tip** 처음에 조금 힘 있게 눌러서 많이 굴려 줄수록 조금 더 단단한 공을 얻을 수 있어요.

7 짜잔~ 탱탱볼이 완성되었어요. 충분히 굳을 때까지 모양을 계속 만져 줘야 합니다.

8 통통 튕기며 재미있게 놀아요.

빙글빙글 돌아라 골판지 팽이

심심한 오후! 집에서 할 수 있는 재미난 놀이가 없을까요?
길다란 골판지를 돌돌 감아 만든 팽이놀이 어떠세요?

놀이 목표

- 팽이 탐색
- 가장 잘 도는 팽이 만들기

교과 연계

- 탐구, 어떻게 할까요?

준비물

- 띠 골판지(13×500mm) 2장, 양면테이프
  또는 미술용 본드, 이쑤시개 또는 꼬치막대

이 놀이는요~

팽이는 회전축을 중심으로 돌아가는 완구입니다.
골판지를 이용하여 팽이를 만들어 보면서 팽이가
잘 돌 수 있는 조건들을 찾아보는 활동입니다.

Step 1: 팽이 관찰하기

돌아야만 팽이가 서는 이유
돌아가지 않는 팽이는 아래쪽이 뾰족하고 위쪽이 무겁기 때문에 쓰러집니다. 그렇지만 팽이가 회전하면 가운데 회전축을 기준으로 회전관성이 생겨 쓰러지지 않고 계속해서 돌아가게 됩니다.

용어 회전관성: 회전하는 물체가 회전을 유지하려고 계속 돌게 되는 성질

1 아이와 함께 팽이를 보며 팽이 모양에 대해 이런저런 이야기를 나눠 보세요.

"팽이를 돌리지 않고 똑바로 세울 수 있을까?"
"안 돼요."
"그렇네. 팽이는 왜 가만히 있을 때는 자꾸 쓰러질까?"

Step 2: 골판지 팽이 만들기

2 이쑤시개 끝을 조금 남기고 양면테이프를 살짝 감아 주세요. 그러고 나서 띠 골판지를 붙여 주세요.

Tip 무게중심이 아래에 있을수록 안정적으로 돌아가게 되므로 이쑤시개(회전축) 끝에서 1cm를 넘지 않은 곳에서 골판지를 감는 것이 좋습니다.

3 골판지의 다른 쪽 끝을 살살 당겨 주면서 단단히 감은 후, 끝부분은 양면 테이프나 셀로판테이프를 이용해 붙입니다.

4 이쑤시개 끝을 손으로 잡을 수 있을 정도만 남겨 두고 자릅니다.

Tip 이쑤시개를 자르지 않은 채 팽이를 돌리면 회전 속도가 줄었을 때 크게 좌우로 흔들리게 됩니다.

5 자, 이제 팽이 돌리기 시합을 해 볼까요? 누가 만든 팽이가 더 오래 도는지 시합해요.

이렇게도 놀아요

다양한 모양으로 만들어 비교 관찰하면서 가장 안정적이면서 오래 돌아가는 팽이를 찾아보세요.

방법 1. 골판지 덧대기 위의 팽이에 골판지를 하나 더 감아 보세요. 감긴 횟수가 많을수록 (회전관성이 커지므로) 보다 안정적으로 돌아갑니다.

방법 2. 역원뿔 모양 만들기 팽이의 가운데 부분을 아래쪽으로 살짝 눌러 역원뿔 모양으로 만들어 돌려 보세요. 방법1의 팽이와 돌아가는 모습을 비교해 보세요.

* 방법1과 방법2 중 무게중심이 더 아래쪽에 있는 방법1의 팽이가 더 안정적이면서도 오래 돌아갑니다.

끼리끼리 모여라 뒤죽박죽 성의 비밀

단추들이 뒤죽박죽 섞여 있어 필요한 단추를 찾을 수가 없어요. 색이 비슷한 것끼리,
크기가 비슷한 것끼리 등등 비슷한 점을 가진 것들끼리 단추들을 모아 주세요.

놀이 목표

• 분류하기
• 순서대로 설명하기

교과 연계

• 탐구, 어떻게 할까요?

준비물

• 여러 가지 단추, 쟁반, 작은 그릇

이 놀이는요~

'분류하기'는 과학의 영역에서뿐만 아니라 우리 생활 곳곳에서 사용되는 기능입니다. '분류하기'는 어른의 눈에는 단순해 보이지만 아이들에게는 꽤 어렵습니다. 옆에서 자꾸 재촉하지 마시고 충분히 시간을 주고 분류할 수 있도록 인내심을 가져 주세요.

1 아이와 함께 마트에 가 보세요. 상품들이 어떻게 진열되어 있는지 살펴봐요. 종류별로 나누어 놓아서 좋은 점에 대해 이야기를 나누어 보세요.

"마트에는 물건이 아주 많아서 종류별로 모아 놨대. 그런데 어디에 어떤 물건이 있는지 알려면 무엇을 보아야 할까?"
"위에 있는 판에 숫자와 글자가 쓰여 있어요."

2 준비된 단추들을 관찰하게 하세요. 색, 모양, 재질, 구멍의 개수 등 다양하게 관찰할 수 있도록 도와주세요.

3 단추를 모양별로 나누어 보아요. '둥근 모양'과 '둥근 모양이 아닌 것'으로 나눌 수 있습니다.

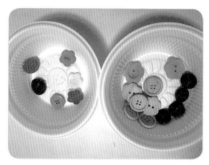

4 단추를 재질로 나누어 봐요. 플라스틱, 나무, 쇠 등으로 분류할 수 있어요.

5 단추의 구멍 수로 나누어 봐요. 구멍이 4개인 것, 2개인 것, 1개인 것 등으로 나눌 수 있어요.

6 그 외에 아이가 원하는 기준대로 분류해 보도록 합니다. 그리고 어떤 기준으로 나누었는지 알 수 있게 각각의 그릇에 이름을 붙여 보세요. 분류해 놓으니까 어떤 점이 좋은지 이야기를 나누어 보세요.

이렇게도 놀아요

1. 아이의 옷이나 장난감, 액세서리를 직접 분류해 봐요.
   – 한군데에 섞여 있던 액세서리들을 머리핀, 끈, 기타 세 가지로 나누어 분류해 봐요.

2. 박물관이나 과학관을 방문해 보세요. 전시물들을 어떻게 분류해 놓았는지 살펴봐요.

옛날에는 누가 살았을까? 양초 화석 만들기

아주 먼 옛날 지구에는 공룡이 살았다고 하죠? 그런데 사람들은 어떻게 공룡이 살았다는 걸 알았을까요?
바로 공룡이 남긴 흔적인 공룡 화석을 통해서 알 수 있었대요. 화석이 만들어지는 과정을 실험해 봐요.

놀이 목표
· 화석이 만들어지는 원리

교과 연계
· 지층과 화석

준비물
· 지점토, 양초, 인형

이 놀이는요~

사람이 살지 않았던 아주 먼 옛날 지질시대의 환경이나 생물 등의 연구 자료
로 쓰이는 화석을 만들어 보고, 화석이 만들어지는 과정을 경험해 보는 활동입
니다. '화석'이란 아주 오래 전 지구에 살았던 동식물의 시체나 흔적을 말합니
다. 아이들에게 화석이란 용어를 소개하고, 화석의 뜻을 알려 주세요. 놀이 전
후에 국립생물자원관이나 자연사박물관 등을 관람하면 연계학습으로 좋아요.

1 그릇에 지점토를 평평하게 펴세요. 놀이하기 전에 아이들과 '화석'에 대해 이야기 나눠 보세요.

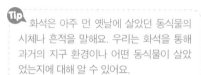
Tip 화석은 아주 먼 옛날에 살았던 동식물의 시체나 흔적을 말해요. 우리는 화석을 통해 과거의 지구 환경이나 어떤 동식물이 살았었는지에 대해 알 수 있어요.

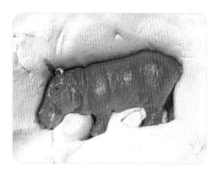

2 화석으로 만들고자 하는 물건의 겉면에 식용유를 바른 후, 1의 지점토에 놓고 꾹 눌러 주세요. ★ 깊게 누를수록 화석이 더 잘 만들어집니다.

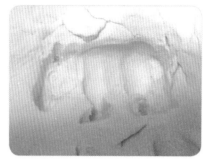

3 물건을 떼어 내면 자국이 남아요.

Tip 이 상태로 말라 굳어진 것을 '몰드'라고 합니다.

4 못쓰는 냄비나 국자에 양초를 녹여 주세요.

5 몰드에 녹인 촛물을 붓고 굳을 때까지 기다립니다.

6 양초가 굳으면 떼어 내고 모양이 찍힌 것을 관찰합니다.

Tip 이 상태로 굳어 나온 것을 '캐스트'라고 합니다.

모래사장 화석발굴놀이

바닷가로 놀러 갈 때 아이들 몰래 위에서 만든 양초화석과 붓을 챙겨 가 보세요. 그리고 바닷가에서 아이들이 정신없이 놀고 있을 때 엄마가 몰래 양초화석을 모래사장에 숨겨 놓으면 준비 끝! 아이들에게 화석이 숨어 있는 곳의 위치를 대충 알려 주고 손에 붓 한 자루씩 쥐어 주면 신나는 화석발굴이 시작된답니다.

엄마표 수학놀이

전예름 지음 | 248쪽 | 16,000원

아이를 수학에 푹 빠져들게 하는 '재미'와 탁월한 '교육적 효과'를 한 번에 잡는 수학놀이! 준비는 간단하고 교육적 효과는 탁월한 88가지 놀이를 한 권에 담았다. 총 4단계로 구성된 책 속 놀이를 따라하다 보면 어느새 수학에 푹 빠져든 우리 아이를 발견할 수 있을 것이다. 수학 공식이나 원리를 몰라도, 신나게 놀다 보면 저절로 수학공부가 되는 세상에서 가장 쉬운 수학책!

엄마표 가베놀이

이윤정 지음 | 252쪽 | 15,000원

'엄마표 가베'의 바이블! 가베는 다른 교구나 장난감에 비해 구성이 복잡해서 참고자료 없이는 특성을 제대로 이해하고 놀이에 활용하기 쉽지 않다. 이 책은 큰맘 먹고 구입한 가베를 활용하지 못해 답답해하는 엄마들을 위한 엄마표 가베 활용 가이드북으로 가베를 잘 모르는 엄마도 책을 보며 아이를 지도하고 함께 놀아줄 수 있다. 탐색놀이, 활동놀이, 인지놀이, 수학놀이, 구성놀이, 지혜놀이 등 180개 놀이가 가베별로 소개되어 있다.

엄마표 수학가베놀이

이윤정 지음 | 248쪽 | 16,800원

놀면서 수학 개념과 원리를 깨치는 76개 가베놀이가 들어 있는 엄마표 수학가베놀이! 대부분의 초등학생들이 가장 싫어하는 과목으로 '수학'을 꼽는다. 이 책은 공부가 아닌 놀이로서 수학을 만나게 해 주고 적극적인 활동을 통해 문제 해결력과 창의력을 길러준다. 몸으로 체득한 학습 경험은 오래도록 기억되기 때문에 학년이 올라가도 수학에 대한 자신감을 잃지 않는다. 수학도 가베놀이로 즐겁게 배우자!

엄마표 미술놀이

연후맘 김복실 지음 | 228쪽 | 12,800원

오감발달과 창의력 향상에 좋은 미술놀이, 이제 엄마표로 해결한다! 따라 하기 쉬운 창의적인 미술놀이로 입소문난 〈연후맘의 미술놀이〉 인기놀이 100개를 실었다. 모든 과정을 요리책처럼 사진으로 보여 주어, 미술에 자신 없는 엄마들도 누구나 쉽게 따라할 수 있다. 신문지, 밀가루, 옷걸이 등 주변에서 구하기 쉬운 재료들로 우리 아이의 오감과 창의력을 쑥쑥 키워주자. 아이와 웃음 가득 행복한 추억을 만들 수 있다는 것은 덤이다.

엄마표 판타스틱 미술놀이

박민재 지음 | 240쪽 | 12,800원

1년 365일 집에서 아이와 환상적인 미술놀이에 빠지게 해 주는 엄마표 가이드북! 봄부터 겨울까지 계절별로 자연을 만끽할 수 있는 놀이, 유아를 위한 촉감놀이와 탐색놀이, 초등학생을 위한 조형 · 만들기 · 디자인놀이까지 다양한 미술놀이가 담겼다. 평범한 재료로도 기발하고 재미 넘치는 놀이를 할 수 있는, 아이가 있는 집을 위한 든든한 미술놀이 참고서!

아빠표 체육놀이

김도연 지음 | 200쪽 | 12,800원

체력은 기본, 자신감과 리더십까지 키워주는 아빠표 체육놀이! 이 책에는 아이의 신체적 성장을 돕고 집중력과 표현력을 길러주는 80여 가지 체육놀이가 담겨 있다. 사랑이 커지는 스킨십놀이, 키 크는 데 도움되는 쑥쑥놀이, 부족한 운동량을 채워주는 튼튼놀이 등 아빠와 데굴데굴 구르고 까르르 웃을 수 있는 놀이 아이디어가 가득하다.